A toxicomania e sua relação com a adolescência

Taciana de Melo Mafra

A toxicomania e sua relação com a adolescência

Editor

José Nazar

Companhia de Freud

EDITORAÇÃO ELETRÔNICA
Mariana Blanc

EDITOR RESPONSÁVEL
José Nazar

Rio de Janeiro, 2009.

FICHA CATALOGRÁFICA:

M162t
Mafra, Taciana de Melo.
A toxicomania e sua relação coma adolescência / Taciana de Melo Mafra; editor José Nazar. - Rio de Janeiro : Cia. de Freud, 2009.

ISBN 978-85-7724-071-5

1. Toxicomania. 2. Toxicômanos - Psicologia. 3. Psicanálise. 4. Jovens - Uso de drogas. I. Nazar, José. II. Título.

09-3983. CDD: 616.8606
CDU: 613.83-058-08
07.08.09 17.08.09 014396

Companhia de Freud
editora

Endereço para Correspondência
Rua Barão de Sertório, 48 - casa
Tel.: (21) 2293-7166 • (21) 2293-9440
Rio Comprido - Rio de Janeiro
www.ciadefreud.com.br

Para minha filha Amanda,

maior interlocutora no curso deste trabalho, linda de se ver e de conviver, particularmente neste tempo – de sua adolescência –, no qual me surpreende com construções belíssimas de quem, tão cedo, claramente, fez da existência algo que faz sentido. Ela me instigou e me desafiou, participando da escrita do texto, indagando-me com curiosidade, pedindo esclarecimentos para as questões complexas, comentando, opinando, às vezes fazendo críticas pertinentes. A cada dia, quando a escrita ganhou velocidade, perguntava-me sobre o que eu havia feito, queria saber sobre o novo escrito, fazia-me companhia madrugadas inteiras, esperando que eu concluísse uma parte do texto para saber como ficou. De modo que não poderia haver maior incentivo. Tive de prestar contas a ela, a cada dia, sem esmorecer, e isso deu um ritmo animado à difícil conclusão deste ensaio.

Agradecimentos

Agradeço a meu pai, o psicanalista Roberto Mafra, pela discussão e revisão final do texto, feitas com a acuidade, competência e rigor que lhe são próprios, e que tanto contribuiu para uma melhor articulação e maior clareza de certas passagens do livro.

Agradeço a Lu, que com sua exigência ferrenha espera de mim sempre o melhor, mas me concede os sinais mais vivos, claros e obstinados de amizade, dedicação e confiança que conheci na vida. Foi ela que – sempre alerta ao meu ato de cada dia – mais me cobrou a conclusão deste livro.

Agradeço a Pedro Luiz, mestre da maior experiência de construção na diferença em minha história, mostrando-me caminhos para pensar sítios recônditos do mundo das ideias, antes jamais por mim visitados.

"E por outro lado, muito particular, como é nosso trabalho de todos os dias, ou seja, a maneira pela qual temos de responder na experiência ao que lhes ensinei a articular como uma demanda, demanda do doente à qual nossa resposta confere uma significação exata – uma resposta da qual devemos conservar a mais severa disciplina para não deixar adulterar o sentido, em suma profundamente inconsciente, dessa demanda."

(Lacan)

SUMÁRIO

PREFÁCIO

> "Pensando bem, não há um princípio para as coisas e para as pessoas, tudo o que um dia começou tinha começado antes, a história dessa folha de papel, tomemos o exemplo mais próximo das mãos, para ser verdadeira e completa, teria de ir remontando até aos princípios do mundo, de propósito se usou o plural em vez do singular, e ainda assim duvidem-os, que esses princípios não foram, somente pontos de passagem, rampas de escorregamento, pobre cabeça a nossa sujeita a tais puxões, admirável cabeça, apesar de tudo, que por todas as razões é capaz de enlouquecer, menos por essa" (Saramago).

Do que posso me dar conta, os primórdios deste livro partiram de constantes conversas sobre a clínica, das inquietações que a constituem e das que dela se depreendem. Dentre tantas interrogações e consequentes projetos de estudos, um se ordenou de modo que foi possível realizar este volume.

A presença recorrente da droga no discurso dos adolescentes que chegam a nossas clínicas exigiu situar a questão da clínica da adolescência e, de maneira específica, a lógica da relação de objeto que pela via das mutações dos paradigmas da cultura produz novos fenômenos no discurso dos tempos atuais.

A princípio discutirei o que, afastando completamente uma mirada fenomenológica, situa a operação da adolescência segundo a referência da Psicanálise.

Em seguida, apontarei de que maneiras a droga comparece como solução para os impedimentos da construção que irá fundar o sujeito entre dois significantes, embora não enodando uma psicose nem uma perversão. A ausência do "tempo de concluir", tal como nos apresenta Lacan, a propósito do tempo lógico da subjetividade, deixa como que em suspenso a amarração da estrutura, que fica entorpecida, estagnada no "tempo de compreender".

Por último, tratarei precisamente da especificidade da posição da toxicomania e do dispositivo da análise para abordar esse sintoma.

INTRODUÇÃO

É com muita frequência que a lógica da contemporaneidade, uma nova economia do gozo operada pela elegia ao objeto, mais precisamente ao objeto da demanda, traz ao consultório dos analistas muitas famílias às voltas com o problema da toxicomania.

O fenômeno tem sido abordado por vários profissionais e interessados no problema, como instituições filantrópicas, instituições religiosas, representantes da saúde e da segurança pública, ONGs etc. Essa amplitude no raio da preocupação nos demonstra que por um viés político ou econômico é possível situar a toxicomania como um sintoma social.

Isso coloca uma questão fundamental para nós, analistas: o que a Psicanálise tem a dizer sobre essa questão? É possível encaminhar uma intervenção analítica com toxicômanos? Qual a particularidade das operações analíticas quando do atendimento a essa demanda?

De maneira geral o problema das drogas interfere na vida das famílias dos drogados e das comunidades onde seu circuito vem ganhando larga escala e exigindo tratamento. Todavia é só por estar inscrita no discurso que representa essa sociedade, na qual se instala tão largamente, que é possível abordá-la como um sintoma social.

A lógica do consumo nutre a expectativa de um objeto capaz de anestesiar todos os sinais da falta no humano. Nessa medida a droga é um êxito por seu "Êxtase".

A maior parte das tentativas de tratamento, no entanto, têm como instrumento para a intervenção uma estratégia de cunho geral, construída a partir da experiência com uma grande casuística, portanto, uma estratégia para o fenômeno, que considera a diferença apenas no nível das idiossincrasias.

Dessa maneira produziu-se um mercado de "especialistas em drogas", conquanto o trabalho científico seja abastecido por uma literatura precária, essencialmente fenomenológica e que caminha exclusivamente na direção da abstinência.

No entanto, a calamidade das drogas, ainda que ancore num terreno fértil como o "tempo dos novos paradigmas", é, do ponto de vista da clínica, uma questão que obedece às leis do complexo desejante.

Consequentemente, uma intervenção destituída dos instrumentos que manejem as operações próprias da subjetividade, em sua dimensão linguageira, fundamento do psiquismo, mantém o sujeito fixado a um movimento metonímico, no qual a existência se situa a partir da relação com um objeto que por seu intenso teor gozoso não encontra acesso a metaforizações. Em outras palavras, é preciso que haja um dispositivo capaz de operar a dimensão da falta, enquanto princípio da subjetividade, para produzir uma inscrição capaz de depreender outras tantas representações para a falta constitutiva.

A droga é uma solução subjetiva para os impasses da linguagem, logo suscetível à transferência.

Todavia, isso só será possível na medida em que a instância propulsora das representações, um Outro diante do qual o sujeito situa um lugar para existir, se articule, formulando uma posição para o sujeito que encontra o ponto de partida nesse Outro, paradoxalmente fundador e intruso. Barrar o Outro para fundar o próprio, eis a construção a operar na composição do encadeamento significante.

Tal operação obedece à cadência de movimentos estruturais para o sujeito entre a alteridade e o semelhante.

O problema certamente não é tão definido como o artigo que o anuncia. Há diversas formulações para pelo menos duas operações estruturais que estabelecem a droga como objeto no complexo subjetivo. Ambas são montadas no tempo de amarração da estrutura do sujeito, no período que tem como fenômeno a dramática adolescência.

Essas duas operações distinguem o usuário de drogas do dependente de drogas. O processo da dependência se instala no curso dos movimentos relativos ao uso das drogas como partilha de um signo próprio aos pares na adolescência.

É patente que o uso das drogas seja uma prática exercida de maneira quase que integral por jovens. É por volta dos primeiros tempos das operações da adolescência que as estatísticas começam a registrar o usuário de drogas, e são aqueles que não efetivam a operação da barra do Outro compondo o nó da estrutura que tomam emprestado esse signo para materializar metonimicamente o objeto da falta. O desejo aí não encontra seu lugar e sucumbe à lei da demanda imperiosa.

O objeto da toxicomania, portanto, é objeto da demanda que encontra um gozo mortífero ao invés de um luto que articule a falta do objeto do desejo. Por esse caminho fica impedida a inscrição significante do objeto.

A experiência na clínica com jovens que se drogam de maneira mortífera coloca a questão do manejo dos instrumentos da Psicanálise como dispositivo para intervir em resposta a uma demanda que muito raramente parte do sujeito em questão.

Mais precisamente, a demanda é sempre a de livrar o sujeito das drogas e não de uma formulação que caminhe na direção da construção de um saber sobre o drama vivido.

Nesse sentido a idéia do internamento é frequentemente levada adiante, embora não propicie nenhuma eficácia quanto à elaboração desse complexo, mesmo aliviando a família provisoriamente com o êxito contingente da desintoxicação.

Ocorre que, mesmo sendo comum que muitas análises comecem partindo desse ponto, tal como na histeria, mestra da Psicanálise, que também nos chega à clínica com a perspectiva de eliminar o sintoma, ou como na análise de crianças e psicóticos que são trazidos por familiares, ficamos nesses casos impossibilitados de colocar em curso a análise sem nos deter no sintoma, o que constitui uma atipia do funcionamento dos tempos lógicos da intervenção de uma análise.

Fenomenologicamente, esses casos trazem alguém cujo sintoma apresentado está de fato matando-o e incriminando-o, de modo que é um sintoma que passa a funcionar como uma instância Outra que domina o sujeito, ou seja, a alteridade é uma droga: “a heroína”.

Isso coloca dificuldades enormes na instalação da análise, visto que a suposição de saber atribuída ao analista inicialmente ancora na sua capacidade de saber como combater a droga. A família busca uma espécie de herói posto na simetria com a "heroína" (droga).

Arma-se uma verdadeira queda-de-braço para que o analista se instale como Outro na estrutura da análise. Ele tem de vencer a batalha, mas como?

Sabemos que o toxicômano é um prosélito, então se trata de produzir uma "conversão"? Estabelecer um mestre como o da histérica, para num tempo seguinte barrá-lo?

A conversão da histérica encontra no próprio corpo como indagar o Outro, fazendo doer ou anestesiar algo em "si mesma"; o Outro a habita. Na toxicomania o corpo recorre a um objeto que sabe fazê-lo gozar alterando o corpo. O Outro está "fora de si" e é introjetado, às vezes, ignorando os orifícios que revelam a falta constitutiva do corpo.

Portanto, a operação que barra o Outro, destacando dele o objeto que causa o desejo, está por acontecer, e o que se apresenta é o Outro ainda contendo o objeto.

A instalação da análise para um sujeito toxicômano começa, portanto, por uma intervenção que iremos discutir ao longo deste trabalho.

Tomarei como ponto de partida para a questão da toxicomania na clínica da Psicanálise as operações efetivadas na adolescência, pois, como apontarei adiante, a toxicomania é uma solução própria aos impasses subjetivos na articulação desse tempo da estruturação do psiquismo.

CAPÍTULO I

ADOLESCÊNCIA

Se revisitarmos os antigos escritos gregos, de maneira particular os diálogos de Platão, onde se encontram longas discussões a respeito da transmissão aos jovens discípulos, e ainda nos detivermos no conhecido enigma da esfinge do teatro sofocliano, para o qual a resposta dada por Édipo é: o homem; à pergunta: o que é que anda de quatro pernas pela manhã, com duas à tarde e com três à noite? - aludindo à infância, à maturidade e à velhice –, depreenderemos que demarcar os diversos tempos da vida humana sempre esteve a serviço da reflexão sobre a existência.

Seguindo essa tendência, as ciências humanas, cada uma a seu modo, seguem buscando, obstinadamente, um entendimento a respeito do que são as particularidades de cada um desses tempos na ordenação da vida humana nas diversas culturas.

Nesse sentido a adolescência seria um momento destacado nesse conjunto e expresso de maneira privilegiada pelos ritos de passagem tão evidenciados pela antropologia.

Conceber a adolescência por esse caminho é sublinhar as notações relativas às mudanças ocorridas na travessia da infância para a vida adulta, com todos os desafios a advirem postos pela cultura em conformidade com o tempo e o espaço em que vive cada indivíduo. Nesse sentido estão envolvidos os aspectos corporais, comportamentais e sociais que abrangem tal passagem.

Certamente nessa perspectiva encontramos uma abordagem de cunho social e político que toma como referência a norma coletiva.

A adolescência é um conceito de invenção recente no Ocidente, mais propriamente da modernidade, que corresponde ao momento em que um jovem passa a produzir economicamente. Esse é um tempo de difíceis negociações com os pais, no qual há um frequente descompasso entre a maturação dos caracteres secundários do corpo e o reconhecimento correspondente do sujeito entre adultos.

Tal formulação conta com o exame e uma possível intervenção adaptativa da psicologia, da pedagogia, da sociologia, da antropologia e até mesmo da medicina.

Contudo, a perspectiva do inconsciente estabelecida pela Psicanálise aponta outro viés para a questão.

A adolescência examinada com as lentes da Psicanálise é um tempo subjetivo no qual se dá a amarração da estrutura psíquica a partir da inscrição da lei advinda da metáfora paterna que fundará e situará o sujeito na ordem social e na cultura.

A subjetividade humana, ou melhor, toda a lógica que situa o humano na cultura funda-se na construção de uma equação que situa um sujeito a partir do outro, portanto, uma lógica que cunha o lugar para existir a partir da lei que demarca o limite entre um e outro.

Essa lei é lei de linguagem, é a lei que constitui o humano nos limites do simbólico, ou seja, diferentemente de todos os outros seres vivos, o humano está sujeito à lei do simbólico, que advém da impossibilidade de que haja um objeto natural para suas necessidades.

Sendo assim, o comportamento humano não é previsível, como nos indica a filogenia das outras espécies, não é natural. Qualquer exemplar de uma espécie animal, exceto a humana, funciona no mesmo padrão em qualquer lugar, em qualquer tempo, alterando apenas um padrão de evolução adaptativo. Nenhum outro ser precisa da palavra de um outro para situar-se em seu comportamento.

O comportamento animal tem sua ordem natural estabelecida em sua funcionalidade desde o nascimento. O humano difere em seu comportamento na singularidade de cada sujeito; ele precisa de um outro para colocá-lo na posição de existir. Sem o outro que o instale no simbólico, o humano não pode existir. Podemos verificar isso imediatamente, quando pensamos nos diversos padrões sociais que encontramos em diversas culturas, começando pela língua falada. O limite que instala o humano na ordem da lei é demasiadamente complexo; o simbólico preexiste ao sujeito e, até que se formule a palavra de um pai endereçada a seu filho, há toda uma rede de relações simbólicas determinando a funcionalidade dessas palavras. Não basta que um pai seja politicamente correto quanto aos limites que coloca para seus filhos, supondo que existisse uma regra geral, normativa, para o comportamento – o que seria impossível de estabelecer –, para que o resultado da relação com a lei na cultura se instale. Se isso fosse possível, um bom manual de limites resolveria o problema da delinqüência, e até poderíamos pensar numa prevenção da delinquência. A instalação da ordenação da lei no humano não obedece a uma fórmula aritmética, e sim ao modo enigmático, no sentido de ser inconsciente e irredutível, de como o sujeito se inscreve no mundo e inscreve suas relações com todos os elementos do mundo que representará em seu psiquismo.

O Inconsciente freudiano, portanto, não é simetricamente o oposto de consciência, tampouco aquilo que, esquecido, possa tornar a consciência.

Lacan sublinhará o percurso de Freud que, através das histéricas, dos seus sintomas, chegará ao desejo. Destaca que isso Freud o faz ao ouvi-las falar, ressaltando neste ponto que se a histérica ao falar constitui seu desejo, expondo-o aos olhos do Outro como desejo insatisfeito, revela para ele, desta forma, a relação do desejo com a linguagem.

O apelo à satisfação das necessidades vitais do homem é sempre endereçado a um Outro, e por isso mesmo ganha um estatuto de demanda de amor. Mas essa demanda jamais poderá ser atendida em absoluto, o que faz com que se sublinhe ou repita isso, perdido na impossibilidade de haver uma ordem biológica que se baste a si mesma.

Este Outro, portanto, seria o lugar de onde, na impossibilidade de responder simetricamente a uma demanda, estrutura-se a relação do sujeito com a linguagem. Tal sujeito constituído pela ordem significante, inconscientemente, é descentrado de uma temporalidade diacrônica.

Encontraríamos aí uma inconsistência para a questão da adolescência na clínica psicanalítica?

Freud jamais recortou a adolescência como um conceito em sua obra, todavia o construto de seu pensamento sobre a mente humana contém os instrumentos que servem como recursos para o atendimento de adolescentes que chegam a nossas clínicas trazidos por seus pais.

Não importa a idade daquele que procura a análise e sim a demanda que indaga o sujeito referido a um Outro suposto saber do desejo. Dessa forma se colocam os elementos capazes de revelar as operações inconscientes referidas ao "complexo de Édipo".

É preciso ressaltar que, ao contrário do que alguns equivocadamente proferem, a Psicanálise não ignora os sentidos do que se apresenta como historicamente situado na vida de um sujeito. Isso seria uma impertinência na medida em que o tempo é um articulador do simbólico enquanto conta um elemento a mais para a ordem significante.

A clínica da Psicanálise não é uma clínica nosológica que estabeleça o tratamento de categorias. Quando falamos em clínica da perversão, da neurose ou da psicose, está posto desde o princípio o que isso comporta de uma referência à estrutura. Estrutura tomada enquanto conjunto de operadores em torno dos quais a função do analista se engendra como "mais um", resguardando o movimento dialético nesse tecido, e se apresenta, no discurso, como uma composição na qual a singularidade é o resultado radical.

O sujeito do qual se ocupa a Psicanálise toma seu lugar no jogo do significante, sendo ele próprio um elemento dessa cadeia, que se organiza a partir da inscrição da lei, na forma de Metáfora Paterna. O conceito de falta é o motor daquilo que está compilado enquanto elementos que se movem no jogo, sujeitos ao "acaso" no circuito edípico, onde a operação da castração determinará, em forma de aposta, o efeito deste acaso: a estrutura.

A operação fundante de uma determinada estrutura não exclui o que das outras nela está contido. O que está em jogo quando pensamos a clínica em referência a cada uma dessas estruturas é, portanto, algo que é puramente o que há de próprio a esse terreno que é o nosso, o da Psicanálise.

E o que lhe é próprio é o que Freud descobre e a partir de que subverte as noções de inconsciente: "Isso Fala".

Freud fica fascinado pelo modo como os sonhos, atos falhos e chistes aparecem num tropeço, numa rachadura que aponta uma preciosidade importante de sublinhar, que essa coisa outra que quer se realizar é de uma estranha temporalidade.

Isso aprendemos, não se procura, acha-se. É dessa natureza tudo com o que vamos nos envolver na análise. Foi mesmo assim que Freud partiu do sintoma das histéricas para chegar às suas formulações sobre o inconsciente, tendo muitas vezes, diante desses achados, de retroceder.

É, portanto, na sincronia e na diacronia do discurso que esses elementos significantes se movem com suas surpresas, nunca por acaso, como Lacan nos lembra bem em seus estudos sobre a lógica dos jogos modernos, e qualquer que seja o resultado de um jogo, ele estará sempre predeterminado em suas possibilidades. É nesse movimento discursivo que está envolvida uma gama única de elementos, a composição ímpar em torno do desejo.

Portanto, a adolescência se engendra no curso de uma Psicanálise como tempo próprio às operações edípicas, dentre as quais está em jogo o declínio do Outro, numa báscula complexa entre o "Eu ideal" e o "Ideal do Eu".

Lacan chamou os movimentos transcorridos nesse circuito de "deslizamento de sentido do Ideal".

Em nossa contemporaneidade a expressão simbólica mais frequente para o teatro subjetivo que compõe esse ato em cena ainda é aquela que transcorre entre o adolescente e seus pais, com as tensões próprias dos atritos narcísicos concernentes à exigência dos lutos dos ideais em cada posição do complexo.

Assim se estabelece o imperativo da diferença e suas consequentes implicações subjetivas como resultado da relação entre o "ideal do eu", instância máxima da lei e ditame daquilo que se produz como "Eu ideal" no jogo de engano das identificações.

A impossibilidade de uma simetria narcísica entre pais e filho remete ao ganho subjetivo do complexo, a saber: a constituição do sujeito.

A IRRUPÇÃO DO SUJEITO DA ESTRUTURA COMO RESULTADO DA ADOLESCÊNCIA

Freud, atravessado por suas inquietações, interrogou-se sobre a constituição do humano, demarcando um ponto de mirada absolutamente revolucionário até então e admitindo a imperiosidade de uma singularidade que, na exigência da civilização, produz mal-estar. Desta forma, ele estava afirmando o que viria a ser uma grande balbúrdia, pelo menos durante uma longa década, até que se pudesse começar a negar ou capitular a isto que se revelava nesse tempo, a saber, o desejo inconsciente.

Este desejo para Freud e para todos os que vêm depois dele, estará, a partir de então, entendido como sexual. Mas o sexual em Freud afasta-se de uma significação referida à genitalidade. Isso foi e é algo bastante estonteante, tornando-se imprescindível percorrer os caminhos freudianos que levaram a esta afirmação recorrente à singularidade.

Sexualidade para Freud é, na verdade, o tecido do humano, aquilo que se perverte da ordem natural, no ponto em que esta naturalidade concerne a um compasso harmônico entre a necessidade e seu objeto. E este tecido, sabemos com Lacan, é traçado de linguagem e estampado pelas leis que a regem.

Se partirmos desses pressupostos, logo de saída nos daremos conta do quanto estamos diante de questões problemáticas e poderemos entrever por que razões a Psicanálise é o campo do singular, que dista, com a subversão freudiana, da abordagem ao indivíduo.

A Psicanálise debruça-se sobre o sujeito do inconsciente, dividido, cindido na rede significante. Uma abordagem como esta é radicalmente distinta do que, por outro lado, sabemos, institui-se com um grande número de circunscrições que procuram encontrar respostas que suturem as dificuldades e mazelas do homem.

Desde o "Projeto para uma Psicologia Científica", de 1895, a questão ética circunscrita por Freud está apontada na via do que erige o humano em sua condição de desejante, como consequência de uma falta.

A natureza do objeto do desejo em seu enigma nos interroga insistentemente, porque tal ou qual objeto é capaz de responder ao desejo de um, estabelecendo a radical singularidade.

É por essa razão que Freud comparava as incursões humanas, no sentido dos desbravamentos do mito de origem, com a Arqueologia, lembrando-nos, no entanto, da impossibilidade do acesso a "Toda" a verdade, já que este trabalho é contido, por sua natureza, no encontro com lacunas impreenchíveis.

Freud escreveu sobre a reelaboração, apontando a perspectiva da história enquanto reinvenção da narrativa. O trabalho analítico acompanha o sincopado desta narrativa calcado no trilho da transferência, que conduz à revelação dos arcanos do sujeito, através dos textos dos sonhos, dos lapsos, dos chistes e dos sintomas.

Essa é uma via na contramão de um dimensionamento funcionalista, que busca as adequações da função. A leitura estruturalista que Lacan faz da obra freudiana instrumentaliza o manejo das questões postas pelo discurso psicanalítico e estabelece o rumo epistêmico do tratamento da singularidade, escapando aos equívocos da leitura de Freud que reduzem seus achados ao reinado da significação.

A modernidade é proponente de um tratado sobre os problemas humanos que conjuga, na busca do êxito, a interdisciplinaridade e o holismo durkheimiano, fazendo a aposta na efetuação da pluralidade. Ora, isso promove uma incidência do Real pelo esgarçamento das operações simbólicas, que, na carência do significante, faz mergulhar na angústia.

A despeito disso, o lugar em que se instala o analista nas operações de uma análise exige-lhe, como efeito, constantes endereçamentos da clínica às alteridades e aos pares, diante dos quais é possível articular as inquietações que daí resultam. Entre tantas interrogações e consequentes desdobramentos das questões e dos estudos produzidos nesse circuito pelos analistas, revelam-se e compilam-se elementos imprescindíveis.

A clínica nos defronta com algumas questões que se renovam com persistência, entre as quais estão aquelas que nos fazemos em nossa acolhida de demandas para análises de adolescentes.

Mas o que podemos situar, com a Psicanálise, sobre esse signo conhecido na cultura como "adolescência"?

Na verdade, imediatamente, com Freud e Lacan, a partir daquilo que a Psicanálise pela via de suas letras nos ensina, o que é possível situar é que há um aporte de operações fundamentais para o resultado das estruturas clínicas, de um não puro acaso nas apostas da trama edípica. Este aporte relaciona-se, na diacronia, com um certo tempo em que a engrenagem sexual se sublinha. No entanto, dessa diacronia a Psicanálise só se ocupa quando de seu cruzamento pelo eixo sincrônico, determinante das surpresas movidas pelos significantes predeterminados, tal como nos demonstra Lacan em seus estudos de lógica moderna.Em última instância, trata-se de um movimento discursivo em que está envolvida uma gama ímpar em torno do desejo.

Sabemos que a escuta do significante, circunscrita na transferência, compõe o mapeamento de um território topológico que portará sempre a obscuridade inescapável da condição humana.

Essa constatação afirma que se há sempre algo inacessível da verdade do sujeito, uma certa insuficiência simbólica, então escapa à Psicanálise a possibilidade de admitir que, no que diz respeito ao inconsciente, seja pertinente apontar que o que quer que entre no jogo de uma análise possa, por si só, determiná-la.

A análise é marcada por uma recorrência constante ao estrutural, tomando, portanto, a conjuntura como elemento de uma complexa malha linguageira. Tais elementos engrenam-se nesse trilho da estrutura, no qual se inserem, e constituem a parcialidade com a qual lidamos todo o tempo nas análises.

É assim que parece ser possível formular essa questão, reconhecendo que há algo demarcado, um conjunto de operações ordenadas que se impõem à análise dos adolescentes, ainda que não se alterem os conceitos que suportam a técnica analítica. Essas operações atravessam as análises e erigem interrogações que impõem ser percorridas com rigor, para que se elida o risco de psicologizar as operações fundamentais transcorridas no circuito edípico em seus tempos lógicos.

A adolescência é uma injunção no corpo que efetiva a possibilidade da procriação. Mas como acompanhar a subjetivação que daí se depreende?

Estamos diante da repetição em sua forma mais expoente, que um corpo reproduza outros corpos, que nessa via se estabeleça o eterno porvir das filiações.

Este é um ponto onde se produz uma remetência à morte nas circunvoluções da trama edípica. Se no Édipo o desejo de morte erige como representações pai e mãe, deste lugar de possível paternidade ou maternidade haverá sempre uma ausência de representação que insiste, o Real da morte interceptando o Imaginário no campo dos ideais.

A álgebra que aí se perfaz compõe uma posição especular que faz bascular a pergunta dirigida ao Outro: "Que queres?"

Encontra-se nesse tempo diacrônico uma repetição na qual o sujeito toma uma posição supostamente simétrica nessa consecução. Simetria, que convém lembrar, será sempre dessimetria, visto que desde a constituição do sujeito na fase do espelho, como Lacan nos ensina a pensar, haverá uma inversão da imagem na qual o sujeito se reconhece.

Essa posição não escapa ao jogo das demandas nele contidas, e como para isso não há correspondência possível, o que se esboçará nesse lugar será sempre da ordem de um sismo narcísico que, em última instância, é um elemento da subjetividade que as análises atravessam, tecendo pontos a ser reconhecidos como a marca da diferença, no compasso do tempo do significante.

Mas as operações que se inauguram neste intervalo de tempo, de lógica singular na combinação significante, concernem fundamentalmente ao que Lacan demonstra em seu Seminário sobre "A Transferência", a propósito do circuito da pergunta: "Que sou eu?".

A incoação significante articulada como efeito dessa pergunta é inscrita a partir do corte que cinde, pelo movimento fugidio, a resposta: "deixa-te ser."

A esse "deixa-te ser" podemos acrescer, segundo desejo, ou seja, deixa-te ser segundo desejo, o que repercute no nível do Outro, tal como a experiência analítica pode formular, reverberando o "Che vuoi?".

Diz-nos Lacan que é aí que intervém a falta de significante, algo mortífero, que encontra no objeto da fantasia um termo para regular o nível do gozo.

Então, como seria possível que esse eclipse da posição do sujeito com o Outro encontre seu sentido? Justamente na barra do Outro, que faz declinar este "que queres?", forjando, com uma operação simbólica, a subjetivação do sujeito.

Dessa maneira, não resta dúvida quanto à assertiva de que o destino da lógica encontrada na diacronia da adolescência seja conferir a estrutura borromiana enodada pelo "sinthoma".

A consistência que o "sinthoma" confere à operação que com ele se cumpre articula-se a partir do confronto com a ausência de significante quando de sua convocação ao Φ do falo. Esse símbolo, único possível à Psicanálise, segundo ensina Lacan em "A Transferência", é em torno dele que a gravitação inconsciente faz solapar um objeto perdido jamais encontrado realmente.

No entanto, lá no Outro é que se estabelece o Φ, cunhagem do ideal cambiável em representações metaforonímicas tributadas pela castração, que apresentam seus efeitos em sua elaboração pela via do Imaginário.

Este desejo, ou melhor, presença do desejo na forma do grande Φ, determina o rumo da estrutura como produtor da cadeia significante, mas significante que não simplesmente faz signo para alguém, e sim que no rumo da mola significante faz signo de alguém: *"fazer com que o alguém para quem o signo designa alguma coisa, este signo o assimile, que o alguém se torne, ele também, este significante."* (Lacan, 1992[1960-1961]:258).

É dessa forma que se erige o sujeito, advindo, enquanto termo entre dois significantes, do resultado da trama identificatória que se especifica na adolescência, conquanto inaugure, nesse tempo lógico, o ultrapassamento de um gozo ideal que se monta às expensas do sentido e oblitera o trilho desejante.

Fazer circular o "Que queres?" numa torção que a posição de quem interroga se altera, se inverte, é o resultado de um eco que se faz entoar nesse eclipse da adolescência, sombra da potência das posições de pai e mãe, que tem como vicissitude se decompor em outros significantes.

Esse eclipse não é mais que sombra do que se processa na lógica de borracha borromiana, onde se atrela a estrutura com o movimento das interseções entre Real, Simbólico e Imaginário, que articulam a adolescência enquanto especificidade da gravidade na ordenação decorrente dos complexos ideais.

TOXICOMANIA E ADOLESCÊNCIA

Se as estatísticas localizam os usuários de drogas e os dependentes de drogas de maneira exponencial entre treze e vinte anos de idade, não é por acaso.

O sintoma toxicomaníaco é efetivamente uma solução à problemática de alguns sujeitos tomados pela perturbação da adolescência. Certamente é preciso considerar a adolescência como o tempo de enodamento da estrutura que impõe ao sujeito o gozo sexual.

Nessa medida não se trata de situar a adolescência cronologicamente, e sim de dentro da perspectiva da fundação do movimento advindo da instalação da metáfora paterna, da amarração do nó da estrutura.

Consequentemente é possível encontrar toxicômanos de quarenta anos de idade, fixados num tempo precedente ao tempo de concluir as operações da adolescência. É o que incidentemente se expressou no século XX com muita força pela via das famosas bandas de rock, que com seus ídolos drogados, verdadeiros fenômenos adolescentes, influenciaram legiões de jovens no encontro com a droga, movidos pela identificação.

Falar em gozo fálico ou em gozo sexual é precisamente assinalar a lógica do fluxo significante enquanto dialética fálica. E a dialética fálica tem como propriedade o deslizamento do significante. Isso quer dizer que o sujeito está diante da exigência de inscrever seu nome na ordem da cultura formulando um tempo subsequente àquele no qual seu nome foi inscrito pelo Outro.

O que fazer da existência? Como constituir autonomia para a realização de desejos distintos daqueles dantes investidos pelos pais? Que significante seria capaz de apresentar o sujeito enquanto signo dentro da comunidade em que está inscrito simbolicamente?

A relação com o Outro sexo e a escolha da profissão são as principais saídas que o simbólico oferece aos impasses da adolescência.

Todavia, se ao contrário de se erguer a barra que separa o Outro do *objeto a,* exigindo ao sujeito tecer sua significância, o que se perfaz é a apreensão do Outro, ou mais precisamente do objeto que o representa, então aí se monta o gozo do Outro. O que é propriamente o sintoma toxicomaníaco.

É preciso ressaltar que a toxicomania não é um indicador de qualquer que seja a estrutura, por isso mesmo é particularmente difícil sustentar que haja uma clínica da toxicomania sem que seja articulando-a à adolescência enquanto tempo de definição da estrutura.

É por essa razão que a toxicomania é uma questão que se coloca no terreno da linguagem. A fenomenologia dos casos de toxicômanos nos deixa sempre perplexos quanto à estereotipia que encontramos em suas queixas, suas formulações quanto ao sexo e a família, sua gíria, suas mentiras etc.

O que seria uma reivindicação de liberdade, que não passa de exigência de gozo, finda por produzir uma deficiência discursiva que deixa entrever a dimensão do Outro negado, mas imperativo.

O toxicômano carece de conhecer o princípio que rege seu ato e sua palavra. Repete o encontro com o objeto sem indagar-se sobre seu sentido. Sentido do ponto de vista do fluxo significante, pois se a droga produz instantaneamente um gozo na relação do sujeito com a linguagem em sua tradução orgânica, ela basta.

A insuficiência de tal objeto será apenas quantitativa; não é preciso inventar outro objeto para o desejo, apenas é preciso aumentar a dose. Daí o risco contínuo da *overdose*.

Mas por que a droga não foi uma solução eleita sempre pelos adolescentes?

Eis a questão que aponta de que modo é possível asseverar que a droga é um sintoma social, do ponto de vista de sua inserção no discurso da cultura.

Certamente que se pensamos um tempo da cultura como o "Século das Luzes", quando a autoridade paterna era incontestável e austera, primando pelos cuidados com a transmissão dos valores, princípios e saberes constituídos nos terrenos intelectuais, religiosos e morais encontraremos preparada de antemão a referência do sujeito, do ponto de vista dos ideais. Os jovens sabiam o que a família e a sociedade esperavam deles.

No entanto, com a falência da autoridade paterna os valores e princípios mergulharam em uma verdadeira obscuridade. A única luz aí é o objeto do consumo. O imperativo do prazer.

O único ideal da adolescência em tempos de novos paradigmas é consumir. E se a *felicidade* de consumir, por exemplo, o mais novo modelo de celular termina às vezes no dia seguinte com uma tremenda vertigem ao encontrar o novo comercial da TV anunciando o próximo da série dos rapidamente superáveis, isso nos coloca potencialmente a questão do tempo.

O ideal desse tempo não ancora no tempo. O objeto não se sustenta suficientemente no tempo de modo a que seja possível a elaboração de sua insuficiência e consequentemente a invenção do que possa sucedê-lo. O sucessor da cadeia fálica é desconhecido, ofertado e previamente insuficiente. Uma adolescente de doze anos ilustra numa fala essa operação, quando diz que sua amiguinha das identificações fraticidas esteve zombando dela com seu novo celular, mas, diz ela, "no mês que vem vou virar o jogo, já que terei o modelo da nova série".

Numa economia do gozo como essa, a droga é o objeto ideal.

Contudo, ainda é preciso distinguir aqueles que se envolvem com a droga tomando-a nesse sentido da precariedade dos novos ideais de consumo, logo no jogo fálico instantâneo, os usuários, daqueles que vão desenvolver uma toxicomania e que não articulam o encadeamento da ordem fálica; aqui não há gozo fálico, há gozo do Outro.

Portanto, quando nos propomos a questão da toxicomania, imediatamente ficamos de frente com a questão da adolescência, de uma solução atual para o drama da existência, de uma solução entorpecente para a exigência de elaboração da falta.

CAPÍTULO II

DROGA: UM SINTOMA SOCIAL

Não pode haver dúvidas de que vivemos uma mutação cultural de velocidade estonteante.

O fenômeno tem angariado muitos adeptos, de vertentes diversas, para sua discussão. De maneira geral, é com um certo espanto que intelectuais de todos os setores se empenham em encontrar uma apreciação razoável para um tempo em que o objeto para o desejo vale nada.

Um tempo de velocímetro referido à velocidade da luz, que forjou incríveis inventos, impossíveis de ser concebidos um século antes. Das invenções feitas pelo homem muitas delas causaram espanto, mas, certamente, até o século XIX, o que mais impressionou aos homens de cada tempo estava na criação arquitetônica, nas grandes edificações antigas inexplicavelmente soerguidas.

Muitas outras descobertas sobre os engenhos dos povos antigos, só serão conhecidas no tempo que marca dezoito séculos do calendário gregoriano da era cristã, quando a ciência positivista vai, paulatinamente, criar instrumentos para decifrações. Assim é que, graças à primeira de uma série ininterrupta de surpreendentes invenções, tem-se acesso ao processo de embalsamamento, aos calendários egípcio e asteca, a algumas noções da concepção atual do universo etc. Portanto, do ano zero da linha gregoriana até o século XVIII, o objeto que se punha diante dos olhos ou entrava pelos ouvidos a partir da narrativa, aos quatro cantos, raras vezes se fazia duvidoso. Do farol de Alexandria em 285 d. C., passando pela difusão da porcelana na China, a difusão do papel na Arábia, a impressão com caracteres móveis na China, a destilação do álcool do vinho, os moinhos de vento, o timão giratório, o tear a pedal, a descoberta dos ácidos sulfúrico e nítrico, a difusão da bússola, a difusão dos óculos, o relógio de pesos e rodas, o canhão a pólvora, a indústria de algodão, a impressão da Bíblia, as grandes navegações, o relógio de bolso, as afirmações de Copérnico, Galileu e Kepler, a máquina de somar de Pascal, o barômetro a mercúrio, o relógio a pêndulo, o microscópio, o termômetro a álcool, até chegar ao pensamento newtoniano, articulado em fins do século XVII, ninguém poderia ter dúvidas da existência de tais inventos.

O século XVIII faz alguns importantes implementos e forja os primeiros princípios de ótica, a máquina a vapor, o termômetro a mercúrio, a máquina de fiar, a fundição do aço, o termômetro centígrado, o para-raios, a teoria da combustão de Lavoisier, o gás de iluminação, o barco a vapor, a tecelagem mecânica, a prensa hidráulica e a litografia.

Porém, a partir do século XIX, irrompe uma verdadeira explosão de inventos e descobertas: síntese da uréia, grandes ferrovias, máquina de costura, motor elétrico, hélice, eletrólise, telégrafo, fotografia, adubos químicos, a lei da energia elétrica, revólver de tambor, anestesia com éter, a rotatividade tipográfica, o bonde, o motor a explosão, o submarino, a genética de Mendel, a dinamite, o cimento armado, o fonógrafo e o microfone, a lâmpada elétrica, as vacinas de Pasteur, a bicicleta, o bacilo da tuberculose, a metralhadora, o automóvel, o motor Diesel, o cinematógrafo dos Lumière, a radioatividade dos sais de urânio e o telégrafo sem fio.

É espantoso como a partir de então se torna impossível listar os inventos. Se nos deleitamos com essa lista supracitada dos inventos humanos de dezoito séculos, não é à toa.

É mesmo para demonstrar, com algum deleite de curiosidade, que o mundo em que vivemos é por demais difícil de apreender.

A dispersão e intrusão do novo dificultam a articulação de um conhecimento capaz de sustentar um princípio ético para as novas inscrições.

Se a modernidade solucionou o mal-estar do homem pela via de um fechamento na vida privada, tal como expressa Baudelaire, verdadeiro ícone da modernidade, esse novo tempo destitui a ordem do privado.

Se prestarmos atenção, com pouquíssimas exceções, essas grandes invenções não eram bens de consumo direto, mas sim bens da cultura, de utilização indireta. Em outras palavras, os objetos desses tempos idos não estavam em nossas bolsas, em nossas mãos, em nossas casas. Não eram passíveis de ser desejados por si mesmos, como um celular, um carro, um som, um *ipod*, um *notebook*, um *playstation,* uma câmera, uma filmadora, uma TV de LCD etc., de preferência de última geração. Eram invenções de cunho científico que modificavam o *status* da saúde, da comunicação, da localização humana no tempo e no espaço, e do aprimoramento do conforto quanto ao saneamento, à eletrificação, à locomoção, de uma tal maneira que é difícil para alguém de nosso século se dar conta.

Num tempo em que quinze minutos de falta de energia elétrica parecem uma eternidade, produzindo transtornos, prejuízos financeiros e risco de vida, é difícil imaginar que há um século as noites eram de trevas e os dias não contavam com os movimentos constantes de ligar e desligar aparelhos em tomadas que estão em toda parte.

Afora a mobília de uma família, as roupas e as jóias reservadas a segmentos pequenos da sociedade, consumia-se com regularidade apenas a alimentação, que era absolutamente restrita em sua forma de apresentação para o consumo até o século XVIII. Indo um pouco mais adiante, seria possível acrescer a isso a coleção de canetas e relógios e o aparelho de passar música que uma família tivera e, claro, a biblioteca.

Ao contrário disso, a maior parte das crianças de dez anos de nosso tempo, que tenha acesso às leis de consumo, provavelmente não se lembra de quantos relógios já teve, quantas mochilas, quantos celulares, quantos joguinhos eletrônicos etc.

Somos absolutamente submetidos a tal cultura consumista, adictos, fundamentalmente.

E é preciso sublinhar que esse consumo se presta a adquirir certos signos que representam de maneira patente um caminho único para afirmações narcísicas, operações de pertença a um grupo, afirmações e reconhecimento por parte de outrem.

De maneira completamente distinta dos séculos anteriores esse consumo não se liga à busca da virtude, seja ela qual for, mas sim à posse de um objeto real capaz de produzir a senha para a pertença a um grupo. E esse objeto é pré-fabricado, ele não é fruto da invenção particular de um sujeito que por si só se faz representar através dele entre os outros, inscrevendo seu nome com seu invento, com sua ideia, com seu modo próprio de situar o esforço e o compromisso de pensar particularmente entre os demais, mas é imposto pela nova Lei: "Consome isso! Goza!"

Eis por que vivemos numa sociedade cuja lógica obedece essencialmente às operações análogas à dependência química. Onde a droga é um sintoma social.

A NOVA ECONOMIA DO GOZO E O OBJETO DO CONSUMO

Devo começar agradecendo a Charles Melman por toda a contribuição que prestou a nós, analistas de tempos tão exigentes quanto à reflexão.

Partirei de elementos para os quais ele nos chamou a atenção de maneira relevante. Primeiramente, a formulação de que aquilo que ele chama de uma "nova economia do gozo" se baseia no declínio da alteridade constitutiva do sujeito da estrutura: a forclusão do Outro. E em seguida, daquilo que ele nos aponta e com o que eu comungo veementemente a respeito dos elementos históricos em que ancoram as razões para essa radical mutação a que assistimos enquanto vivemos.

Antes de tudo, devemos recapitular o que é esse Outro formulado por Lacan.

Esse Outro é o ponto de referência para a fundação da subjetividade. O Outro é tudo que antecede o sujeito na ordem simbólica e é também o que sustenta os paradigmas capazes de colocar um sujeito em condição de existir como desejante.

Lacan costumava dizer que o Outro é o tesouro dos significantes, de onde é retirado o nome pelo qual o sujeito será representado. Tal nome é o ponto mítico inaugural de onde se põe em marcha a cadeia significante que situará a existência de um sujeito referentemente à demanda que o constitui no desejo do Outro. Daí por diante, um sujeito em posição de existir estará sempre confrontado com a questão sobre o que dele é esperado.

Vê-se bem que uma instância dessa ordem é o cerne da estrutura subjetiva de um sujeito e, portanto, a afirmação de que essa instância está forcluída na mutação cultural que concerne aos nossos dias não deixa de ser estonteante. O ensino de Lacan nos demonstra que o sujeito humano se constitui na relação com o endereçamento a dois outros distintos. Ou seja, o circuito da linguagem se organiza entre dois eixos que se entrecortam para os quais a palavra do sujeito se direciona, colocando-o em posições distintas.

Em um desses eixos, o vertical, se encontra o Outro, a quem costumamos também chamar de alteridade. Esse Outro é distinto do sujeito e supostamente contém as respostas e a razão para a existência do sujeito. No outro eixo, o horizontal, se encontra o semelhante, com o qual se estabelecem as relações de identificação.

Pois bem, tal como Melman nos faz entender, nosso tempo é marcado pelo declínio da relação do sujeito com o Outro e, concomitantemente, por uma quase que exclusiva relação com o semelhante.

Para situar esse movimento mutatório ele nos lembra que a cultura ocidental é inscrita sobre as insígnias de três grandes textos: o texto homérico, o bíblico e o marxista. Tais textos serviram como fontes de respostas para as questões éticas da existência humana. Respondiam às indagações sobre a conduta, sobre os princípios que devem reger um ato, sobre as razões pelas quais defender um caminho ou outro a ser tomado. Eram, portanto, grandes sistemas linguageiros que organizavam respostas e para onde se endereçavam as questões universais em nossa civilização. Esses textos eram Outros muito bem definidos.

Contudo, quem os lê atualmente?

Há um declínio notório do lugar desses escritos. E quando encontramos alguma repercussão de um deles, o bíblico, por exemplo, é operando aquilo que conhecemos como fanatismo, ou seja, tornando-se semelhante a esse Outro e, portanto, detentor da palavra certa, justa e indiscutível. É o que nos revela o surgimento frenético de seitas religiosas baseados em verdadeiras deformações do texto bíblico.

Mas ao que poderíamos atribuir tal mutação?

Dentre as muitas mutações culturais que o tempo propicia com suas novas inserções significantes, essa é a única em que não se coloca a mensagem do Outro. Devemos então refletir sobre alguns elementos consideráveis propostos por Melman.

O primeiro deles é a queda das grandes ideologias, em particular a ideologia comunista, que se revelou insustentável em todas as suas tentativas de transformação da sociedade, na medida em que, referida ao bem comum, estrangula a tonicidade da singularidade do desejo, tornando-se vulnerável.

O segundo e muito influente é o que se costuma chamar de economia liberal, à qual podemos atribuir uma estrutura ideológica com a qual toda a sociedade ocidental está amplamente identificada e cujo imperativo é uma solução gozosa para os impasses, refutando toda e qualquer restrição posta até então, pela via do consumo de todo excesso possível para as satisfações imediatas.

Outro elemento de radical destaque é a tão imponente Internet. Certamente para a discussão desse termo poderíamos dedicar um livro inteiro, contudo, à guisa de tomá-la como mais uma coordenada, restringiremos a abordagem, por ora. A internet é um veículo de comunicação que destitui a ordem das hierarquias e diferenças, compondo uma aldeia global. Os indivíduos que navegam com esse recurso estão expostos a um jogo de cumplicidades, logros e enganos nunca vividos anteriormente de maneira tão consentida. Isso estabelece uma destituição radical do que é próprio às fronteiras de uma língua e consequentemente de uma cultura. Esse é o reino dos endereçamentos lineares, horizontais, relativamente ao que já tratamos quanto ao domínio das identificações.

Temos ainda a importante questão da destituição da lei enquanto inscrição da cultura e fundadora de balizas morais; como valor constituído enquanto reservatório das referências fundamentais e invioláveis para as negociações entre os humanos. Ora, assistimos a uma desintegração vertiginosa desse dispositivo, uma vez que de maneira patente os impasses mais comuns passam a precisar de intervenção jurídica em detrimento da lei simbólica.

O último elemento digno de nota nesse conjunto de coordenadas concerne aos progressos demasiados da tecnologia e da ciência. Dentre muitos, devemos ressaltar aqueles que redimensionam a longevidade e as alterações do próprio corpo. De maneira muito particular devemos sublinhar todo o avanço quanto às questões da fertilidade. A fecundação, a reprodução e ainda a potência sexual, antes motivos de inquietações e súplicas ao sagrado, encontram-se assombrosamente dominadas pelas intervenções dos cientistas e laboratórios que fabricam o que antes eram restrições, limites e impasses, diante dos quais se formulavam questões ao Outro.

Há ainda algo digno de nota quanto ao lugar das mulheres na cena social que desmontou certa tradição da potência fálica circunscrita ao lado do masculino. Sem dúvida esse termo coloca desafios complexos no cotidiano de nossas clínicas, porquanto temos um novo fenômeno quanto à expressividade da cena edípica nas famílias deste novo tempo.

Todas essas alterações culturais estão em pleno funcionamento sob o imperativo do gozo, que tem em primeira instância a determinação desenfreada do consumo resultante do fenômeno capitalista, como havia preconizado Lacan.

OBJETO DA DEMANDA X OBJETO DO DESEJO

Para situar a operação subjetiva que coloca um sujeito na posição de toxicômano, é preciso estabelecer algumas operações constitutivas da relação de objeto na estrutura.

Será um longo trajeto com o objetivo de demonstrar a complexidade da trama da relação de objeto que articula a engrenagem entre pulsão e desejo, em tempos lógicos, que intervém na instalação de uma drogadição.

Ao humano está dada a dramática condição da criação, já que terá incondicionalmente de forjar perenemente um objeto para a falta radical advinda da dessimetria entre a pulsão e seu objeto. A essa "pulsão" Freud atribuiu a mitologia da Psicanálise, já que está situada num ponto irredutível de suas articulações.

O desejo se apresenta nas articulações de Freud em "A Interpretação dos Sonhos", onde ele introduz a expressão *wunscherfüllung*, isto é, realização-de-desejo, e junto com ela a idéia de realização alucinatória, que alude à de desejo.

No capítulo VII, Freud, discorrendo sobre o modelo do aparelho psíquico, descreve o desejo como revivescência de uma inscrição de satisfação original, impulso que evoca a percepção do primeiro objeto de satisfação: "uma repetição da percepção que se achava ligada com a satisfação da necessidade."

Nesse aparelho, portanto, desejo é tomado como "catexia alucinatória da lembrança de satisfação", formando com essa alucinação um eixo que, às vezes, mais parece de equivalência, quando, no entanto, porta uma relação de contiguidade.

Mas Freud também usa nesse artigo o termo *wunsch* para caracterizar as partículas que se articulam pela elaboração onírica, o que dimensiona uma operação própria ao registro primário distinta do secundário, e logo faz entrever que, mais do que uma realização de desejo, existe aí um desejo trabalhando, um desejo que é propulsor.

No entanto, deve haver algo que relacione esses dois registros, e Freud irá pensar em desejos ocasionais e desejos infantis ou formadores do sonho. Os primeiros então seriam a via através da qual os segundos se realizariam. Designando pelo singular esse desejo que se realizaria através de desejos ocasionais, Freud também o chama de desejo infantil ou, ainda, pulsão, e atribui sua emergência a uma representação, postulando uma intemporalidade própria na relação com o princípio de realidade.

Indo por esse caminho, constatamos que o termo mais elaborado para Freud sobre o desejo situa-se no ponto em que o relaciona com a sexualidade infantil, fazendo desse ancoradouro aquilo que produz o sonho a partir de uma insatisfação que se representa na linguagem do pulsional. "O sonho é um ato psíquico completo, sua força pulsional é em todos os casos um desejo a realizar".

Temos então de admitir que em Freud falta a articulação de uma teoria do desejo, e que é isso que Lacan toma para si: formular, do ponto em que isso fica à deriva em Freud, uma teoria do desejo.

E se para Freud a tentativa de teorizar sobre o desejo teve como resultado a referência a uma primeira satisfação, para Lacan esse arsenal é tomado como uma mítica relativa ao avatar do biológico no desejo, pois é a partir desse ponto mínimo que nos é dado pensar a hominização, o ponto onde para além do natural estamos atravessados por esse desejo.

Mas, como acompanhar Lacan, dada essa vereda freudiana?

Primeiro, Lacan estabelece uma ruptura para a idéia de que haveria equidade entre o pulsional e o desejo, apontando, nesse sentido, desde os primórdios, aquilo que nos propomos a elaborar aqui, a saber, que o desejo é marcado de uma relação intrínseca com a ordem do biológico, dadas as necessidades, e com a ordem linguageira da demanda de amor.

Em 1964, em seu Seminário sobre os quatro conceitos fundamentais da Psicanálise, Lacan diz que há algo que situará de forma a estabelecer uma função mais geral a estes conceitos, a saber, o inconsciente, a repetição, a transferência e a pulsão, algo que os engloba e que demonstra seu valor operatório. A isso ele chamará a função do significante.

Lacan sublinhará o percurso de Freud, que através das histéricas, dos seus sintomas, chegará ao desejo. Destaca que isso Freud o faz ao ouvi-las falar, conectando neste ponto que, se a histérica ao falar constitui seu desejo, expondo-o aos olhos do Outro como desejo insatisfeito, revela para ele, desta forma, a relação do desejo com a linguagem.

O apelo à satisfação das necessidades vitais do homem é sempre endereçado a um Outro, e por isso mesmo ganha um estatuto de demanda de amor.

Mas tal demanda jamais poderá ser atendida em absoluto, o que faz com que se sublinhe ou repita o perdido, na impossibilidade de haver uma ordem biológica que se baste a si mesma.

Esse Outro, portanto, seria o lugar de onde, na impossibilidade de responder simetricamente a uma demanda, estrutura-se a relação do sujeito com a linguagem.

O desejo, assim, é algo constituído nesse vértice entre a necessidade e o amor, do ponto em que tal necessidade se transforma em demanda por sua contingência insuficiente e esse amor é alienado por tal necessidade.

Podemos pensar o desejo como algo constituído imaginariamente, enquanto essa demanda condena o homem ao simbólico, por essa via.

Assim se dá o salto de Lacan a partir da referência freudiana do desejo, enquanto retorno alucinatório do objeto, sublinhando a inadequação e a falta do objeto como constitutivas da linguagem.

Já vimos que desde Freud está dada a virada do que toma o desejo como um fato biológico, algo da ordem da necessidade e do campo do natural, para tratá-lo como um fato de linguagem. Temos isso bem demarcado em "A Interpretação dos Sonhos", marco que define que a expressão dos desejos só se pode revelar no trabalho de interpretação ao nível da linguagem.

É diante disso, admitido por Freud desde os primórdios de sua obra, que Lacan fará a sua grande aposta.

"O Inconsciente é estruturado como linguagem." Estamos diante do principal aforismo lacaniano, do qual devemos extrair as consequências relativas à articulação da teoria do desejo.

Encontramos no desejo uma peculiaridade que é esta de, naquilo que possa parecer insuficiente, a saber, o fato de jamais encontrar um objeto que lhe corresponda, efetivar sua eficiência à medida que se torna indestrutível.

Mas como se dá essa engrenagem de um desejo perene, para o qual não há objeto possível no nível da linguagem?

Lacan vai dizer que a presença do desejo é a articulação temporal de um significante com outro significante, ou seja, a cadeia significante.

Então o desejo estaria posto na cadeia significante, e já dissemos que a ele faltará um objeto. Mas como caracterizar esse desejo?

Até aqui, portanto, podemos sintetizar dizendo que desde Freud o objeto do desejo é perdido, uma falta que se presentifica.

Em busca da realização desse encontro decorrerá uma série substitutiva que manterá a condição faltosa desse objeto, uma rede tecida pela contingência faltosa e, portanto, deslizante perenemente. Isso estabelece a irredutibilidade do desejo à necessidade e constitui a operação que Lacan chamará de metonímia.

O desejo é da ordem do simbólico e pressupõe a cadeia significante. Essa cadeia significante, por sua vez, é engrenada na relação com o significado e segundo dois eixos: de contiguidade e de similaridade.

Metáfora e metonímia representam os dois processos, respectivamente, e correspondem em Saussure ao eixo paradigmático e sintagmático, que executam, no 1º caso, a substituição de um termo pelo outro e, no 2º caso, possibilitam a idéia de contexto e de ligação.

Para prosseguirmos, não podemos deixar de introduzir a célebre elaboração lacaniana de real, simbólico e imaginário.

Antes de galgar o plano simbólico, o desejo se estatui no plano do imaginário, na referência ao outro ou na imagem do outro que o constitui.

Aí encontramos a formulação de Lacan da fase do espelho, a partir da qual ele afirma que "o desejo do homem é o desejo do Outro".

Então, temos que o desejo não é outra coisa senão aquilo que faz passar ou tende a fazer passar do segundo significante para o primeiro.

Tomaremos esse "um" e esse "outro" como termos que estabelecerão o circuito dessa cadeia, que é a própria cadeia do desejo.

Lacan designa, portanto, S1 ou significante unário ao primeiro significante, aquele que aparece como desejável, e S2 ou significante binário a esse outro significante a partir do qual o primeiro pode se estabelecer em sua significância.

Concluímos desse ponto que ser, segundo o significante, é efetivamente desejar, e que o significante desejável não é o "um" em si mesmo, mas se constitui a partir do outro significante.

O que resulta é que dessa forma é dado o modo de ser desejável e, consequentemente, uma radical desilusão, ou seja, S1 só se torna desejável a partir de S2. Impõe-se, assim, a condição irrefutável da singularidade do desejo e, por isso, Lacan dirá que o significante em relação ao objeto nele desejado é sempre um semblante.

Talvez seja pertinente recorrermos a uma imagem do cinema, que com sua expressividade tão próxima da onirologia ilustra tão bem certas construções psicanalíticas.

Há um filme de Buñuel, chamado "Esse obscuro objeto do desejo", que parece conter a essência de que aqui estamos tentando dar conta, que é essa evanescência do objeto do desejo humano, tão imperioso por ser indestrutível.

Trata-se de um homem e uma longa trajetória, verdadeiro crochê de agulha enigmática conduzido na direção de uma mulher por um tal propósito obstinado que faz disso todo o sentido. No cerne de toda sua matéria plástica, o filme aponta um sentido, ou seja, as vicissitudes de um desejo.

O que de curioso e espetacular se monta é que aquela mulher, obstinadamente perseguida por esse homem tomado de amor, é representada por duas atrizes. Tal recurso é mesmo assombroso, pois confere o caráter de estranheza ao espectador, que às vezes nem percebe o truque.

Mas é dado que a cada vez que esse homem se aproxima dessa mulher e dela fica muito perto, como se ocorresse uma ligação, a atriz é mudada, e novamente um conjunto circunstancial da trama o fará, mais uma vez, reconduzir-se a uma tal procura.

Esse filme demonstra a obscura e fugidia propriedade do simulacro de um objeto, efetivamente inexistente, para o desejo.

Freud situava o desejo entre os termos Eros e Libido. Ocorre que o termo Eros era utilizado por ele indiscriminadamente como relativo ao amor, à pulsão e ao desejo.

No entanto, isso remete a um equívoco que declina de suas próprias construções, pois ele mesmo nos ensina que para a pulsão o objeto não tem a menor importância.

Então, quando aludimos ao pulsional, situamos no sujeito uma exigência peremptória que não depende do consentimento do Outro.

Assim, temos que a pulsão é exigência e não demanda ao Outro, o que é da ordem do Real em conexão com o Simbólico, sem mediação do Imaginário. O amor, no entanto, é aprisionado ao signo do amor do Outro, logo intrínseco à demanda.

A libido seria, em Freud, este *quantum* de energia possível de ser investida num objeto, algo relativo à regulação do princípio do prazer e que, portanto, estaria anelada ao conceito de desejo e não de pulsão, já que suposto

$$\$ \diamond D$$

o objeto.

Lacan propõe uma escritura da evanescência da demanda:

Toda demanda, portanto, se faz de uma falta no sujeito, que, segundo

$$\frac{D}{\$}$$

Lacan, pede testemunha de que lhe falta algo, e que ele representa da seguinte forma:

Então temos que, segundo Freud lido por Lacan, o avatar da demanda na clínica psicanalítica é transformar-se em desilusão.

Ao longo de uma análise, aquilo a que chamaríamos seu término e que na experiência da clínica constatamos como algo difícil de conceituar, problemático e ao que poucos analisantes acedem, seria o tempo em que essa demanda ao Outro deixa de existir.

Essa posição do desejo na relação com o fim de análise diz de uma dessubjetivação onde, na relação com a palavra, se encontra um termo que Lacan chamará *décalage*, que poderiamos traduzir como hiato ou hiância, uma brecha impreenchível entre o que se quer dizer e o que se diz, encontro radical com uma falta constitutiva.

Se com isso chegamos a nos aproximar do que Lacan dizia sobre subjetivação da morte, a que o fim da análise estaria submetido, chegamos também a entender que é por essa razão que ele irá dizer que há algo produzido nesse término, aquilo que denominou de sinthome, o anelo borromiano entre o simbólico e o Real, campo da pulsão.

Freud e Lacan afirmaram que aquilo que falta é operado pela castração, e Lacan representava essa operação com (- φ).

Esse objeto faltoso representado pelo falo, é em torno dele que se estabelece aquilo a que Freud chamou de estruturas clínicas, a saber: neurose, psicose e perversão. Sem incorrer numa digressão, é importante registrar que o desejo é sua insatisfação e é nisso que Freud calca o estofo para sua assertiva de que o núcleo da neurose é a histeria e que aquilo que determinará uma estrutura será o resultado da castração e da trama do circuito do falo enquanto representado pela linguagem.

Por essa via das depreensões do campo da linguagem Lacan define que a hiância do desejo no fim de uma análise levaria ao bem-dizer, que não é dizer o desejo, visto isso ser impossível, mas um saber-fazer com a metonímia, ou seja, aquilo que remonta à posição fantasmática de estar oferecido ao gozo do Outro como objeto a, para uma posição onde o gozo é fálico, gozo da palavra, produção de sujeito entre significantes. No entanto, do ponto de vista da transferência ficará sempre um resto, que não é outra coisa que um resta a dizer.

Esse é um caminho possível para percorrer as trilhas de Freud e Lacan quanto aos conceitos de desejo, demanda e amor.

Todos os que conhecem a biografia de Freud têm notícia de quanto o amor é parte contundente em sua vida, logo não é de se estranhar que a isso tenha dedicado extensa parte de suas investigações.

Além do mais, os primórdios da clínica psicanalítica nos contam mais um caso de amor, e desta vez, Breuer e Anna O. são os protagonistas.

Mas o amor enquanto preocupação freudiana, como se introduz no conjunto dos construtos psicanalíticos?

Freud recorreu a *lieb* para falar desse novo conceito. *Lieb* pertence no alemão à linguagem corrente, mas ele a diferencia de *verliebtheit*, que significa paixão amorosa, enamoramento, para nomear esse novo conceito. Dizia que a língua criou a palavra *lieb* em suas múltiplas acepções – amor próprio, amor filial e parental, amizade e amor pelos homens em geral, apego a objetos concretos ou a ideias abstratas, e dessa forma seria mais apropriada ao uso que faria da palavra, dada a sua abrangência.

É notório o apreço de Freud à cultura grega e é possível que a escolha dessa palavra porte essa relação, pois o termo *philia* é representado por quatro categorias, a saber: *physikè, xénikè, hétairikè* e a *erotikè*, que significam, respectivamente, amor consanguíneo, amor entre convivas, entre amigos e entre pessoas do mesmo sexo ou de sexos diferentes.

Freud encaminhará essa questão usando a palavra *lieb*, aproximando-a do Eros platônico que remete à sua relação entre os sexos com a força amorosa. Portanto, já mencionava o que tantos anos mais tarde Lacan iria sublinhar em seu texto sobre "A Transferência", que é o texto do Banquete de Platão, em particular o discurso de Aristófanes, que conta o mito da divisão do ser humano pela metade como castigo de Zeus e o consequente fardo da procura perene da sua outra metade.

No texto freudiano, como já vimos, Eros, Libido, Pulsão e Desejo eram conceitos que muitas vezes se confundiam, mas nesse ponto das articulações possíveis a Freud havia um destaque para a parcialidade das pulsões e seus pares opostos.

Freud, desde os primórdios, elaborou os textos sobre a Transferência tomando como ancoradouro a relação com o amor; aliás, é exatamente no aparente desastre amoroso entre Anna O. e Breuer que Freud se obriga a pensar sobre o que ali se passa, chegando ao conceito de Transferência.

Desde então são muitos os textos de Freud que falam sobre o amor na clínica analítica, passando pela análise da transformação de amor em ódio e tendo como expoência o texto de 1912, traduzido como "Amor de Transferência", no qual Freud discorre cuidadosamente sobre o jogo de engano produzido por esta face imaginária do amor na cena analítica, apontando que o que quer que um analisante atribua de amável a seu analista jamais encontrará na realidade coincidência.

Lacan tomará esse texto de Freud para apontar equívocos de sua leitura, o quanto o texto é tomado por uma interpretação que se faz pela via imaginária das operações em voga na transferência.

Quando Lacan, entre tantas diferenças que marcam seu rompimento com a IPA, denuncia a face perigosa de um destino de análise que toma como idealização uma posição especular, não o faz sem um rigoroso construto teórico.

Depois do Seminário intitulado "O desejo e sua interpretação", seguido de "A Ética da Psicanálise", que sublinha essa ética do desejo em sua contundente singularidade, Lacan irá dedicar um Seminário a "A Transferência", no qual encontramos um tom de intensa sofisticação dessas articulações precedentes, abordadas num ritmo que conduz a leitura num compasso de elaborações magistrais.

Lacan principia esse Seminário falando do amor. E isso ele vai fazer seguindo Freud, pela via do Banquete de Platão.

Dirá que o que um sujeito irá procurar na análise será esse objeto que lhe falta, mas o que aí encontrará será essa falta, que ele aprenderá amando.

Analista e analisante no circuito da transferência basculam entre as posições de érôménon e érastès, a saber, amante e amado, o que, como já vimos, é o tecido das nervuras que se passam no intervalo S1 → S2.

No entanto, aponta que a função do analista é a de eròn, a saber, de estar além desse intervalo. O desejo do analista deve ser desejo de que haja desejo.

O amor ganha nesse tempo das construções lacanianas uma dimensão de conceito maior, a partir do que, pensando pela ótica do RSI, terá na clínica psicanalítica desdobramentos que vão além de sua face imaginária, que é puro jogo de engano e se articulará como produção do simbólico; às voltas com o engano, produz-se criação, expressão dessa falta.

De outro modo, poderíamos dizer que esse amor, do ponto em que é operação contígua ao desejo e à demanda, estaria no cerne do ponto mítico onde se inaugura diante do Outro a subjetividade, ou seja, se há sempre uma resposta à demanda constitutiva de um infans para que ele não morra, então podemos pensar que haverá sempre nesse ponto inaugural da relação com o Outro algo que é da ordem do Amor.

Mas esse amor constitutivo que responde a essa demanda como um dom, será sempre um equívoco, enquanto será sempre uma reposta construída a partir daquilo que falta a esse Outro, colocado na posição de suposto detentor do que falta.

E está aí a possibilidade de escapar de uma alienação mortífera, visto que é nessa impossibilidade de uma coincidência do encontro do desejo e seu objeto que se fará simbólico e se desdobrará infinitamente a cadeia de significantes.

O Amor, portanto, é esse ponto das operações subjetivas constitutivas do humano onde se alcança esta máxima hominização. É esse tecer possível da brecha dramática da condição do humano, fonte da reconstrução.

É certamente por isso que Freud sempre apontou o amor como um indicador da saúde da mente, assim como dizia que se encontra na capacidade de criar e amar uma possível ideia de um fim de análise.

Recomendo um filme de Leos Carax para saborear essas engrenagens que ora percorremos: "Os Amantes da Pont-Neuf". Trata-se de uma representação oportuna para dar conta desses elementos. Há um casal em torno do qual tudo é pura falência, e aí o amor se produz, surpreendendo a cada passo.

Devemos pensar cada um desses conceitos no jogo de engano imaginário com o objeto, desde que o desejo sempre se engana, a demanda é sempre enganada, enquanto o amor sempre engana e se engana.

Mas é simultaneamente pela via desse jogo de engano que se perfaz a operação fundamental do circuito de uma análise: a Transferência; e que, paradoxalmente, o sujeito se inscreve apropriando-se da verdade possível do que lhe constitui entre dois significantes. Esse processo repetitivo pela via do qual o significante atribui ao sujeito seus lugares é simbolizado através da fala e advém do movimento de pulsação que subjaz à busca de um objeto sempre situado além de algo que possa ser circunstancialmente seu semblante, o Real, impossível de se inscrever.

Uma esgarçadura nesse circuito será determinante das condições subjetivas estruturais que podem conduzir um sujeito a uma relação de objeto da ordem da toxicomania.

CAPÍTULO III

A RELAÇÃO COM A DROGA

De algum modo, todas as culturas desde os tempos mais remotos conheceram a audácia de inventar uma substância capaz de produzir o entorpecimento para o desespero da alma, ou um acréscimo às quotas possíveis de excitação e bem-estar psicofísico.

O Fedro de Platão é um testemunho dessa operação, chamando de *pharmakon* a essa tal substância que pode ser um remédio, um cosmético ou um veneno. No entanto, o passo curioso dado por Platão é o de relacionar essa substância à linguagem.

Antes de especificar o que este item do capítulo evoca – o que há de próprio na relação de um sujeito com "sua" droga – vejamos alguns princípios mais gerais sobre a relação de objeto constituída pelo ponto mítico irredutível da linguagem onde se dá a definição da estrutura.

Para tratar da dialética presença-ausência em sua relação com o par vida-morte evocarei o mito platônico de Er, onde Er é convocado pelos deuses para observar e ouvir tudo o que havia no além, e como mensageiro voltar à Terra para narrar aos homens o que vira.

O mito repleto de belas imagens se refere ao "acaso", contando o modo pelo qual os homens se confrontam com a escolha de uma vida seguinte, quase como num jogo de apostas. "Era digno de se ver este espetáculo, contava ele, como cada uma das almas escolhia a sua vida. Era realmente merecedor de piedade, mas também ridículo e surpreendente. Com efeito, a maior parte fazia a sua opção de acordo com os hábitos da vida anterior."

Era Láquesis uma das Parcas, o passado, que os colocava diante dos lotes atirados para que todos apanhassem a ordem destinada a escolher: "Assim que todas as almas escolheram as suas vidas, avançaram, pela ordem da sorte que lhes coubera, para junto a Láquesis. Esta mandava a cada um o gênio que preferira para guardar a sua vida e fazer cumprir o que escolhera."

Lacan apontou no Seminário 2:

> "O símbolo surge no real a partir de uma aposta. A própria noção de causa, no que ela pode comportar de mediação entre a cadeia dos símbolos e o real, se estabelece a partir de uma aposta primitiva – Será que isso vai ser isso ou não?". "A aposta está no centro de toda e qualquer questão radical que trate do pensamento simbólico. Tudo se resume no *to be or not to be*, na escolha entre o que vai ou não sair, no par primordial do mais e do menos, mas presença, assim como ausência, conotam ausência ou presença possíveis. Logo que o próprio sujeito chega ao ser, ele deve a um certo não-ser sobre o qual ele ergue seu ser".

Quando Lacan nos reporta a seu texto de 1954 sobre Poe, imprescindível para acompanharmos esse seminário, ele nos chama a atenção precisamente para a problemática do significante e a maneira pela qual ele determina o jogo em cena, circuito em torno do objeto fálico, ora numa posição, ora noutra, em todo caso demarcando a repetição da cena, enquanto aponta na direção da estrutura.

Curiosamente, demonstra no texto supracitado que em "A Carta Roubada" o que se passa em cada cena é uma repetição na qual se dá um rodízio das personagens ao redor do significante: a carta. Portanto, é importante destacar aí uma questão clínica de grande valor, a saber, que a estrutura não se altera; repete-se a cena, no entanto, o sujeito muda de posição.

Ele nos mostra que a Lei surge a partir de um passo mínimo ao agrupar por três e coloca o problema do acaso utilizando recursos matemáticos e fazendo exercícios de combinatória reveladores de que uma estrutura se mantém subliminarmente aos arranjos possíveis.

Assim, de uma forma um tanto truncada parte da imagem de uma figura geométrica – o paralelepípedo –, verificando um operador matemático que calcula sua área determinando a figura. Examina a existência de um jogo vetorial carente de uma ordenação tomada a princípio por uma lei arbitrária (a direção do primeiro vetor), para que seja possível o cálculo ou a composição da figura.

O que é humano é ordenado pela lei "que sai com o significante", distinguindo-se do animal.

A passagem para a dialética da intersubjetividade inaugura-se, pois, com a entrada do terceiro elemento enquanto recurso à hiância proveniente da relação dual.

O que vem operar essa passagem do pré-édipico ao edipiano é da ordem da castração, e Lacan discorre sobre o caso de Hans tomando como questão a forma como esta é aí operada, encontrando-se assim no campo da Fobia.

Hans está diante da problemática do falo imaginário, "que está em toda parte e em lugar nenhum". "Tudo indica: ele imagina coisas, ele tece uma trama... Ele vai ao seu pai e também o interroga sobre seu "faz pipi". E em outro dia, no Jardim Zoológico, observa com júbilo que o leão tem um "faz pipi". Noutra noite, observa a mãe ao se despir e diz: "Pensei que você fosse tão grande que tinha um pipi igual ao de um cavalo".

É nesse contexto de uma relação com a mãe, onde há um desenrolar-se aparentemente harmonioso "graças a uma espécie de liberalismo e até de laxismo educativo", que irrompe a fobia.

A questão que Lacan propõe sobre o que concerne ao hiato entre essa relação "tão simples, no fim das contas tão feliz", é a Fobia e: Onde está o inconsciente? Onde está o recalcamento?

E transitando sobre a não-existência do recalcamento, chega ao que se instala na sua ausência em torno dos jogos com o pênis real.

A criança é tomada como uma metonímia do desejo do falo da mãe, o que implica que não é enquanto falófora que a criança é metonímica; é enquanto totalidade.

Essa diferença é que põe em jogo a angústia, relacionada ao que o menino pode aferir entre o porquê é amado e o que pode dar. Tal posição originária da criança em relação à mãe, fundamentalmente imaginada como objeto de prazer, contém um caráter de passividade: "A partir do momento em que ela existe também como real, ela não tem muita escolha: evidentemente é certo que pode imaginar-se como fundamentalmente outra e rejeitada. Outra diferente em relação ao que é desejado e, como tal, fora do campo imaginário no qual a mãe podia até então satisfazer-se pelo lugar que ela ocupava".

O que aparece de início é a angústia: ele acorda soluçando com um sonho: "tu ias partir", diz ele ao pai, algo que é uma separação. E quando está separado da mãe, estando com outras pessoas é que a angústia se manifesta. O que há de certo é que a angústia aparece de início e se distingue da fobia.

Lacan explora de maneira original o episódio sobre o sonho de Hans com Maridla, enfocando algo para além do ciúme da irmã. Na ocasião desse sonho, Hans tem 3 anos e 9 meses, e aos 3 anos e 6 meses nasceu sua irmã. Hans tem um sonho, pensa que está com a pequena Maridla, uma de suas coleguinhas. Ele conta o sonho, e em seguida um comentário é feito sobre o sonho: "É engraçado que ele tenha sonhado que estava com a menina", ao que replica como retificação: "Não somente Maridla, sozinho com Maridla".

O que acentua este "somente sozinho" é que, qualquer que seja a posição, a criança não está nunca só com a mãe.

A criança intervém como substituto, compensação em referência a este algo que falta à mãe; portanto, como saída dessa dimensão enganadora desmascarada, sobrevém a maturação genital real = o gozo masturbatório pela presença do pênis.

No jogo do engano constitutivo do imaginário abre-se uma fenda. A demanda da mãe é a regra do jogo; o falo é o objeto de desejo da mãe. Qual é então a função da criança para essa mãe? O apego ao filho aponta seu lugar no desejo da mãe, metonímia em relação ao desejo do falo. A angústia se produz ante o jogo com o pênis real enquanto objeto de satisfação: "Mas há uma coisa certa, é que há uma diferença radical entre dois sentimentos, entre este sentimento de angústia, na medida em que a criança se sente de repente ela mesma, como alguma coisa que pode ser de repente completamente colocada fora do jogo. Certamente a irmãzinha prepara, e ao máximo, a pergunta, e repito, é sobre um fundo muito mais profundo que a crise se abre, que o chão desaparece sob os pés a partir do momento em que ela pode conceber que pode de repente não mais preencher de nenhuma maneira sua função, que ela pode não ser mais nada e que simplesmente não é nada além do que este algo que tem o ar de ser algo, mas que ao mesmo tempo não é nada, e que se chama uma metonímia". "Hans vê-se, pois, precipitado, ou pelo menos precipitável, na sua função de metonímia. Imagina-se como um nada para conseguir, apesar de tudo, dizer esta palavra de uma maneira mais viva que teórica".

A fobia opera na subjetividade da criança uma estrutura que coloca em primeiro plano a função de um interior e um exterior: a criança é relançada do interior da mãe. "A fobia instaura uma nova ordem do interior e do exterior, uma série de limiares começa a estruturar o mundo".

E Lacan conclui, dando ênfase ao estatuto primitivo da angústia, com um primeiro elemento na estrutura da neurose, o qual a fobia permite articular.

Depois de rondar os territórios da angústia e da fobia, situando o circuito que as relaciona no terreno da função paterna, retomamos aqui a tentativa de articular nesse ponto a questão do acaso.

O sentido desse encadeamento, obscuro na leitura de Lacan, é mesmo dar conta de algo que ele aborda e concomitantemente despreza. Não há mais o que possa ser esclarecido a respeito do acaso. Há que pensar na sua relação com o efeito da lei que determina o resultado do jogo.

Aquilo que está compilado como elementos do jogo, sujeitos ao "acaso", é o circuito edípico onde a operação da castração determinará enquanto aposta o efeito de um certo acaso: a estrutura.

Afinal, por que diante dos mesmos elementos da subjetividade discrimina-se uma neurose, perversão ou psicose? Ou ainda teremos como sintoma uma conversão, uma idéia obsessiva, uma fobia, um fetiche, um delírio ou uma toxicomania?

Ainda no Seminário de Relação de Objeto, posteriormente a esse de 20 de março, Lacan afirma:

"É indicado na observação, como lhes mostrarei na próxima vez, que tudo o que acontece no momento em que se trata da calcinha materna indica, em negativo, a via que Hans *poderia* ter seguido do lado do que acaba no fetichismo. A pequena calcinha não está aí para outra coisa senão para nos apresentar que a solução poderia ter sido que Hans se fixasse nesta calcinha atrás da qual não há nada, mas sobre a qual ele poderia ter querido pintar tudo o que ele tivesse querido".

Este "poderia", tomemo-lo como o ponto irredutível a partir do que se delimita o terreno da estrutura, desconhecido lugar onde intervém o "acaso".

Sabemos que não basta ficar exposto ao contato com a droga nem mesmo lançar mão de suas propriedades em algum momento para tornar-se um toxicômano. As estatísticas demonstram que dentre os que fizeram uso continuado de drogas em um mesmo grupo são raros os que desenvolvem uma toxicomania.

As razões para isso ancoram justamente no que é próprio aos nós da estrutura, fundada no irredutível "acaso" que funda a subjetividade, diante da potência do simbólico e concomitantemente de sua insuficiência.

É em relação a esse momento conjuntural que se depreenderá a relação com a droga. Tomada conjunturalmente como signo de partilha com o semelhante na adolescência em um deslocamento metafórico ou, como imperativo gozoso em uma trincheira metonímica numa toxicomania.

Na toxicomania, a aposta do sujeito conta com a precariedade de sua consistência. De maneira radical, desde que nem sequer o objeto real encontra algum sentido na cadeia significante – como é o caso da fobia e do fetiche – não há metaforização alguma para o objeto do gozo.

O CORPO, O SUJEITO E A TOXICOMANIA

Detenhamo-nos cuidadosamente no processo que situará o organismo humano como corpo inscrito simbolicamente e habitado por um sujeito em condição de efetivar o gozo fálico na ordem significante que o determina.

Vejamos panoramicamente como Lacan teorizou esses tempos constitutivos do sujeito em tempos lógicos, pela via de sua topologia.

No começo da construção do que vem a ser um sistema de pensamento lacaniano, ele escreverá um texto onde, a partir da metáfora do espelho, teoriza sobre a constituição do sujeito. "O estádio do espelho como formador da função do eu" é um texto de 1949, escrito para uma comunicação ao Congresso de Zurique. Lacan retoma uma primeira abordagem sobre o tema, feita treze anos antes, para constituir sua hipótese sobre a identificação primordial que ordena a representação do próprio corpo.

O processo de estruturação do Eu, segundo ele, culmina com o que chamará de a ordenação do fantasma do corpo esfacelado: "Esse desenvolvimento é vivido como uma dialética temporal que projeta decisivamente na história a formação do indivíduo: o estádio do espelho é um drama cujo impulso interno precipita-se da insuficiência para a antecipação – e que fabrica para o sujeito, apanhado no engodo da identificação espacial, as fantasias que se sucedem desde uma imagem despedaçada do corpo até uma forma de sua totalidade que chamaremos de ortopédica – e para a armadura enfim assumida de uma identidade alienante, que marcará com sua estrutura rígida o seu desenvolvimento mental. Assim, o rompimento do círculo do *Innenwelt* para o *Umwelt* gera a quadratura inesgotável dos arrolamentos do eu".[1]

O advento da identidade erige-se numa relação imaginária onde a criança reconhece sua imagem numa operação efetivada em três tempos. O que se efetiva é um reconhecimento da criança a partir da imagem do Outro, perpassada pelo efeito ótico da captação da imagem invertida. Essa imposição do jogo com o espelho sulca a radical condição da fundação do Eu, numa alienação constitutiva que se desdobrará no arraigado desconhecimento de si mesmo.

Os elementos postos em cena nessa dialética são os mesmos que, certamente, se rearticularão nos tempos do Édipo: "É esse momento que decisivamente faz todo o saber humano bascular para a mediatização pelo desejo do outro, constituir seus objetos numa equivalência abstrata pela concorrência de outrem, e que faz do [eu] esse aparelho para o qual qualquer impulso dos instintos será um perigo, ainda que corresponda a uma maturação natural – passando desde então a própria normalização dessa maturação a depender, no homem, de uma intermediação cultural, tal como se vê, no que tange ao objeto sexual, no complexo de Édipo".[2]

Será em 1960, no texto que registra o comentário sobre o relatório de Daniel Lagache, que Lacan recorre ao modelo óptico de Bouasse *"L'Óptique et photométrie dites géometriques"*. Com esse esquema[3], que segue abaixo a

1 LACAN, Jacques. Escritos, p. 100.

2 LACAN, Jacques. Escritos, p.101-102.

3 LACAN, Jacques. Escritos, p. 687.

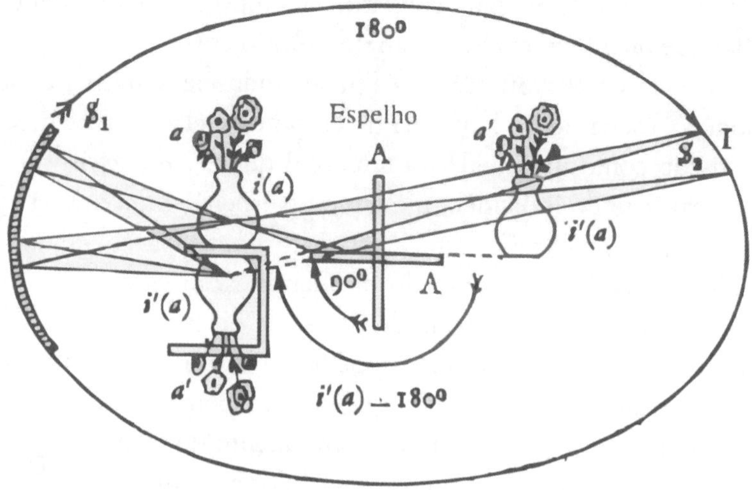

título de visualização, ainda de dentro da geometria, ele retornará a sua tese sobre o espelho, aprimorando a utilização do modelo óptico para teorizar sobre o Eu Ideal e o Ideal do Eu.

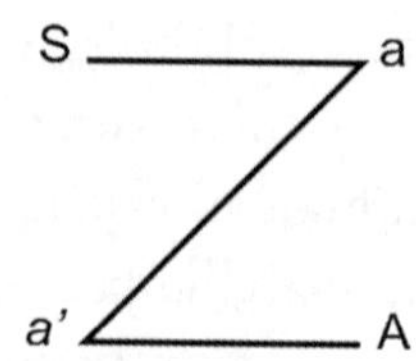

O substrato metafórico que a experiência do buquê invertido lhe fornece é antecedido pelas fórmulas algébricas e esquemas quadriláteros com os quais desdobra sua articulação sobre a subjetivação do sujeito.

Em 1955, quando do seu Seminário "As Psicoses", apresentará pela primeira vez seu consagrado esquema L ou Z, o qual consiste numa magistral abstração metafórica que serve de base para toda a conceituação do complexo subjetivo, de forma sublinhada até 1964:

Ele dirá que o Sujeito é "repuxado" para os quatro pontos do esquema na relação com o que se desenrola no Outro, e o que se desenrola no Outro ele afirma que é um discurso. Daí o axioma "O inconsciente é o discurso do Outro". "Nesse discurso, como estaria o sujeito implicado, se dele não fosse parte integrante? Ele o é, com efeito, enquanto repuxado para os quatro cantos do esquema, ou seja, S, sua inefável e estúpida existência, a, seus objetos, a', seu eu, isto é, o que se reflete de sua forma em seus objetos, e A, lugar de onde lhe pode ser formulada a questão de sua existência".[4]

Lacan aponta a estrutura combinatória contida no esquema e mostra que a interrogação do sujeito sobre sua existência articula-se a partir do significante do Outro em sua topologia quaternária. Assim, é possível apontar os três significantes nos quais se pode encontrar o Outro no Édipo: "Eles bastam para simbolizar as significações da reprodução sexuada, sob os significantes da relação amorosa e da procriação."

O quarto termo é dado pelo sujeito em sua realidade, como tal forcluída no sistema e só entrando sob o modo do morto no jogo dos significantes, mas tornando-se o sujeito verdadeiro à medida que esse jogo dos significantes vem dar-lhe significação".[5]

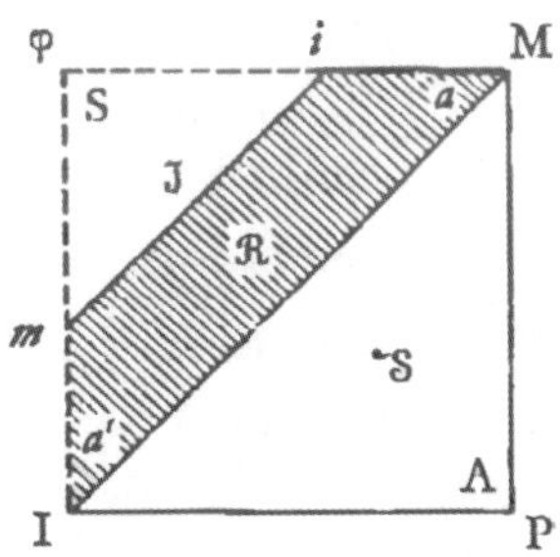

4 LACAN, Jacques. Escritos, p. 555.

5 LACAN, Jacques. Escritos, p. 558.

Com a progressiva confirmação da validade das três categorias ou registros, RSI, forjadas desde 1953 em "Função e campo da fala e da linguagem em Psicanálise", muito se amplia na articulação de Lacan, a partir da leitura de Freud, ainda mais que os elementos da Linguística e da Matemática lhe fornecem maiores possibilidades de abstrações para a elaboração das questões.

É por esse caminho que é possível a construção do esquema R,[6] que contém o esquema Z e que é concebido segundo os tempos operacionais da Metáfora Paterna. De um triângulo imaginário, formado pelos elementos Mãe, objeto da falta e criança, se desdobram, com a entrada do terceiro elemento no complexo, mais duas figuras geométricas: o triângulo simbólico composto pela Mãe, criança e Pai e um quadrilátero do Real, onde será possível situar as fórmulas do Ideal do Eu, Eu Ideal, do *moi*, e as equações

ESQUEMA I:

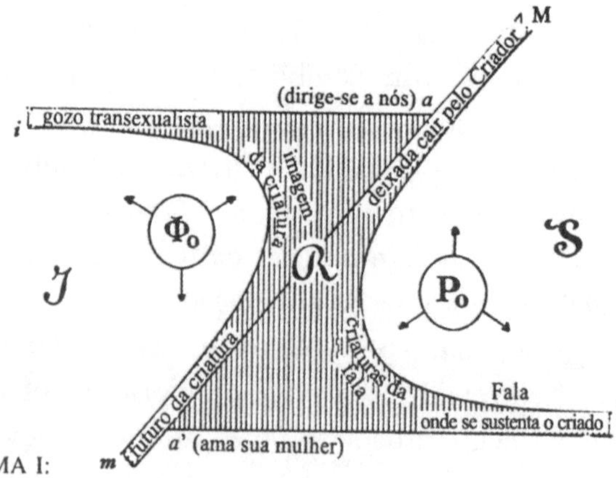

algébricas que descrevem os circuitos imaginários constituídos a partir das relações entre RSI.

Desse esquema Lacan depreende o esquema I, onde demonstra de que forma é possível tratar a psicose paranoica e esquizofrênica abstraindo uma falha no lugar do grande Outro: "Toda a espessura da criatura real, ao contrário, interpõe-se para o sujeito entre o gozo narcísico de sua imagem e a alienação da fala em que o Ideal do eu assumiu o lugar do Outro.

---

6 LACAN, Jacques. Escritos, p.559.

"Esse esquema demonstra que o estado terminal da psicose não representa o caos petrificado a que levam as consequências de um sismo, porém, muito antes, essa evidenciação de linhas de eficiência que faz falar, quando se trata de um problema de solução elegante. [...] Reunidas na forma desse esquema, destacam-se as relações pelas quais os efeitos de indução do significante, recaindo no imaginário, determinam esse transtorno do sujeito que a clínica designa sob feições de crepúsculo do mundo, exigindo, para responder a ele, novos efeitos de significante".[7]

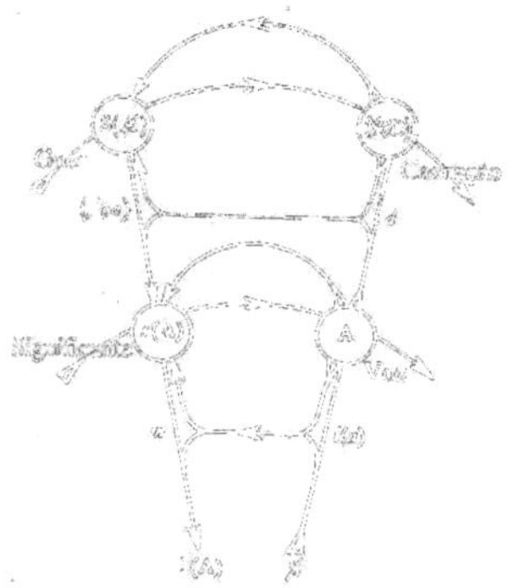

É justamente durante a elaboração do esquema R, em 1955, no texto "De uma questão preliminar a todo tratamento possível da psicose", que entrevemos a faixa do Real (MimI) ligando o triângulo imaginário e o triângulo simbólico, ao modo da faixa de Möebius, que será a primeira figura da topologia tomada por Lacan, como veremos adiante.

Em 1960 é a vez da formalização do grafo do desejo[8], que se efetiva quando do registro da comunicação no Congresso de Royaumont, intitulado "A dialética". O grafo já havia sido construído durante os seminários sobre "As formações do inconsciente" e é decorrência, principalmente, da análise da estrutura do chiste: "O grafo inscreve que o desejo é regulado a partir da fantasia, assim formulada de maneira homóloga ao que acontece com o eu em relação à imagem do corpo, exceto que ela continua a marcar a inversão dos desconhecimentos em que se fundamentam, respectivamente,

7 LACAN, Jacques. Escritos, p. 578.

8 LACAN, Jacques. Escritos, p. 831.

um e outro. Assim se fecha a via imaginária por onde na análise devo advir, lá onde s'tava [là où s'était] o inconsciente".[9]

Nesse grafo, Lacan demonstra a relação do sujeito com o desejo articulado pela falta que se faz palavra pela via da demanda. É a primazia do simbólico que aí se sublinha, colocando o sujeito no único lugar possível a ele, ou seja, como parte do discurso, presa da linguagem.

Os próximos recursos que ele utilizará para articular os conceitos da engrenagem de sua obra são erigidos a partir do Seminário da identificação e encontram sua maior elaboração na ascensão à sua topologia propriamente dita, ou seja, as articulações com a faixa de Möebius, a topologia do toro e, finalmente, o nó borromiano. Ao aportar nesse terreno, Lacan nos comunica, de saída: "O que pretendo, com essas fórmulas topológicas das quais vocês já sentiram que não são pura e simplesmente esta referência intuitiva à qual a prática da geometria os habitou, é que considerem que essas superfícies são estruturas".[10]

Para Lacan, o prenúncio do Édipo se põe no nível de um limiar do processo de subjetivação que é contemporâneo do estádio do espelho. As operações que aí se efetivam têm como fundo uma relação de alienação específica com a mãe onde se monta um esboço de um modo particular de identificação: "Existe aí uma primeira captação pela imagem, onde se esboça o momento da dialética das identificações."

Isso pressupõe um princípio constitutivo da alienação imaginária, no qual o tempo lógico que circunscreve sua conclusão – a da fase do espelho – está submetido ao imperativo de ser desejo do desejo da mãe.

A criança encontra-se, portanto, na situação em que se faz objeto do que é suposto faltar à mãe, a saber, o falo.

Dessa forma fica estabelecido um marco para situar os primórdios da problemática fálica, num tempo que antecede o registro da castração anunciada pela introdução do pai no complexo.

A inserção do pai prefigura-se numa lógica onde se articulam três operações distintas: a frustração, a privação e a castração.

Na frustração esta operação é relativa a uma reivindicação impossível de ser satisfeita. Portanto, a falta aí produz um dano imaginário e seu objeto

9 LACAN, Jacques. Escritos. p.831

10 LACAN, Jacques. Seminário A identificação 30/ 5/62 (inédito).

é real. O pênis constitui um protótipo de tal objeto que, num sentido mais geral, caracteriza o que se passa com a criança diante da ausência de pênis na mãe.

Na privação é a falta que é real, a qual Lacan nomeia "um buraco no real". Seu objeto é da ordem do simbólico.

E por fim, a falta que incide na castração é uma falta simbólica, relativa a um objeto imaginário, evidentemente, o falo. Do ponto de vista da relação com a lei, a castração aponta para a interdição do incesto.

O confronto com essa lei revela que a mãe está sujeita a ela, para que possa responder às demandas da criança. Assim, por estar submetida à lei do desejo do outro é que emerge a suposição de que o outro pode ter ou não ter tal objeto. A mãe passa então a ser dependente de um objeto que não é mais apenas o objeto de seu desejo, mas um objeto que outro é suposto ter ou não ter.

Descentra-se e assim forma a identificação do sujeito ao falo, articulando-o ao mesmo tempo à primeira aparição da lei:

"Na ligação estreita desse remeter da mãe a uma lei que não é a sua, com o fato de que o objeto do seu desejo é possuído "soberanamente" por esse mesmo "outro" à lei do qual ele remete, temos a chave da relação do Édipo e do que constitui o caráter tão essencial, tão decisivo, desta relação com a mãe, tal como lhes peço para isolar como relação não ao pai, mas à palavra do pai."

Aceder à simbolização da lei no confronto com a castração é uma operação calcada na dialética do ter, o que vai demarcando nos tempos do Édipo um segundo tempo que é ulterior à dialética do ser. Ser o falo ou ter o falo é a questão que se erige e se articula no circuito do Édipo, desdobrando-se num tempo terceiro no qual se inscreve a simbolização da lei, auspício da falta, que revela que tal objeto ninguém o tem.

A função paterna interdita à criança a condição de falo da mãe, à medida que se torna significante, conquanto se faça metáfora do desejo materno, tornando-se suposto detentor desse objeto.

Essa proposição que Lacan sustenta sobre o circuito do falo no complexo de Édipo é, contudo, demarcada por ele no terreno da linguagem, pronunciando que a inscrição da lei se refere à lei do encadeamento significante, o qual tem seu marco neste ponto mítico onde se faz metáfora paterna. Ou seja, quando o significante do falo S1 inaugura a engrenagem significante regida por uma estrutura, forjada entre S1-S2, pela lei que edifica a metáfora do Nome-do-Pai, metáfora do desejo da mãe.

A insuficiência na constituição dessas operações, como resultado contingencial no enodamento da estrutura quando da imposição do Real do corpo, é justamente o que levará à toxicomania.

O USO DA DROGA NA ADOLESCÊNCIA

Como já foi estabelecido anteriormente, a toxicomania é um fenômeno quase que totalmente incidente na juventude, de maneira patente na adolescência.

Para a Psicanálise a adolescência é um segmento de tempo lógico na vida humana no qual a irrupção do Real do sexo é a principal injunção.

Contudo, curiosamente, de maneira muito precisa e direta, tal como Charles Melman nos aponta, a toxicomania é um não querer saber do sexo.

Ora, isso não parece insustentável? Não, se pensarmos que a irrupção do real do sexo necessariamente não coincide com a possibilidade da relação com o sexo.

Eis os elementos da questão diante da qual nos encontramos: o sexo e a linguagem.

Estabelecer uma ordenação simbólica que antes de tudo situa a partir de qual posição sexuada o sujeito se lança em direção ao objeto do desejo é um processo complexo muitas vezes solucionado com sintomas, inibições e angústia para alguns.

Freud nos ensinou que ao chegar ao mundo uma criança é submetida ao recalcamento originário relativo ao sexo. Ele escandalizou a todos ao dizer que esse recalcamento originário que interditava a explicitação do sexo era também o que fazia com que tudo o que subjaz ao dito fosse da ordem da sexualidade.

Por esse caminho, com Lacan, pudemos entender que o sexual fundamentava o significado, ou seja, o falo, representante do objeto perdido pela castração, é o ordenador de toda a economia psíquica, pois põe em curso todo o sentido da ordem significante que representa o sujeito.

O tão conhecido "mal-estar na civilização" é justamente o resultado do confronto com o limite imposto ao humano na ordem da sexualidade para que haja a cultura, efeito da linguagem. Isso entra em jogo a partir de um dispositivo que efetiva o recalque, *Urverdrängun,* e é o que ficou conhecido, dentre os principais operadores do sistema freudiano, como "a castração".

Operada pela função paterna, tal como Lacan nomeou, a castração, ao contrário de coibir o acesso ao gozo fálico, é a condição para isso – é a autorização do pai à sexualidade, sob a condição intransponível da interdição à mãe.

Mas isso de forma alguma é um caminho simples de percorrer.

Como já vimos, a adolescência é o momento no qual o sujeito opera uma ressignificação do corpo próprio diante do olhar do Outro, como consequência da imposição fisiológica que altera a inscrição precedente construída na infância a partir do dispositivo do estádio do espelho.

Quando nos confrontamos, na clínica, com fenômenos sintomáticos de extrema gravidade para a ordem subjetiva, a qual precisa equacionar o imperativo do gozo para que haja a assunção do sujeito, damo-nos conta da complexidade que está por trás das formações do inconsciente que se expressam por fenômenos tais como a bulimia, a anorexia e, de maneira particular, as toxicomanias.

Um "não querer saber do sexo". Eis o que está posto no ponto de fundação da toxicomania. Razão pela qual sua emergência encontra radical incidência na adolescência – quando construir um saber sobre o sexo é uma exigência à condição de sujeito.

Todavia, é preciso salientar que a droga usada na adolescência em nossa contemporaneidade nem sempre constitui uma toxicomania. Aliás, em termos de estatística, apenas uma pequena percentagem dos usuários de droga na adolescência tornar-se-ão toxicômanos.

Começando pelas severas alterações nos caracteres corporais – que agora se assemelham aos de seu pai do mesmo sexo –, o adolescente vê-se confrontado com a enorme exigência de atravessar a angústia advinda da alteração do estatuto insuficiente de seu corpo para ter acesso à sexualidade.

A sexualidade tornada então uma possibilidade, extremamente inquietante, impõe a construção de novas expressões de interdito para o gozo, até então sustentado pelo imperativo da palavra do Pai quanto à interdição do incesto.

Agora, num para além do Édipo, para além do objeto interditado, a palavra do pai poderá autenticar o encontro do sujeito com um novo objeto, que ganhará atribuição pela via do velho circuito da ordem de valores estruturais de um objeto na cadeia significante.

Ocorre que tanto essa atribuição como a autenticação do Outro não se dão em perfeita harmonia e linearidade.

É difícil para os pais manejarem a adolescência de seus filhos, dosarem o que deve ou não ser autorizado referentemente aos antigos interditos. Isso implica, como já vimos, lutos concernentes ao declínio dos ideais que uma criança representava à promessa do desejo dos pais.

Portanto, para que um adolescente conquiste o acesso à sexualidade, ele precisará ativar o eixo da relação com o semelhante, até então preterido à posição prevalente do Outro no circuito da subjetividade, como podemos conferir no esquema "Z" de Lacan.

O semelhante terá, nesse tempo, a função de suplência para a frágil posição do sujeito que é convocado a ocupar um lugar "qualquer" na cena da vida adulta.

Para isso, simultaneamente, a alteridade antes superinvestida – por ser a radical referência da criança – é passível de uma destituição complexa, na medida em que o sujeito, no rumo de suas apropriações, a despeito dessa destituição, busca nela a autenticação para a tomada de posição que o ressitua no simbólico como adulto, na diferença, revelada agora entre ele e o Outro.

Sendo assim, os adolescentes se agrupam para encontrar nesse sistema gregário força suficiente para ir além do desejo do Outro. É calcado nesse princípio que o jogo das identificações tem larga profusão e potência, assumindo as formas mais caricaturais de rebeldia, tão conhecidas como achaques adolescentes.

Os agrupamentos adolescentes são pequenas fabriquetas de signos que se prestam a passar a perna no Outro. Perfazendo a mesma operação que sustenta a função das gírias, estão postas as invenções da indumentária, os adornos, o uso de marcas no corpo etc.

A droga utilizada por alguns adolescentes em plena travessia nas negociações complexas com a alteridade ocupa a mesma função desses elementos que dão identidade a um determinado grupo, a "turma".

Eles vão usar a droga juntos, cumprindo verdadeiros rituais que funcionam tal como antigos rituais de passagens em diversas culturas. Instrumentando o sujeito para as pelejas com o Outro, para a inclusão no terreno do simbólico, onde sua palavra irá ser contada e contar.

Nesses casos a droga é um objeto contingente, um signo que ganhará caráter de significante, conquanto vá adquirindo sentido para cada adolescente à medida que o indaga.

Portanto, a droga nesse cenário é um "semblante", que se fará necessário enquanto cumprir sua função de signo partilhado entre semelhantes em plena travessia do sujeito rumo à vida adulta.

Para esses sujeitos a droga não é o centro de tudo, não é a única fonte de satisfação, nem sequer a maior delas. Assim que esse sujeito puder estabelecer o caminho de uma produção que o coloque em condição de ser reconhecido por seu nome próprio, entre os demais, e que possa afirmar o trilho da relação amorosa com o semelhante, marcado por um traço qualquer do Outro, a droga deixa de fazer sentido e é permutada no circuito dos significantes.

É preciso saber distinguir esse viés da relação com a droga da toxicomania. A maior parte das abordagens desse problema costumam diferenciar o "usuário de drogas" do "dependente químico" de uma maneira fenomenológica, para efeito de intervenções terapêuticas e jurídicas.

Para a Psicanálise trata-se de pôr em questão as complexas operações subjetivas concernentes à fundação do sujeito e da estrutura, o que se distingue da tentativa de normatização do fenômeno, registrada nas estatísticas para o controle do sintoma social.

A TOXICOMANIA

Tentemos neste segmento estabelecer o que caracteriza de maneira específica uma toxicomania do ponto de vista clínico.

Como vem sendo demonstrado, a especificidade se coloca no nível da relação de objeto. O objeto que define uma relação toxicomaníaca é um objeto que perverte a ordem da falta na constituição do desejo. Por isso mesmo que aí encontramos uma paralisia do desejo e uma ausência quase que total de interesse pela sexualidade.

O toxicômano sabe o que lhe falta. Essa é a síncope que acomete o desejo na operação drogadita. Toda a radicalidade da falta irredutível que põe em curso a construção simbólica na criação de um semblante para a substituição do objeto faltoso é pervertida.

Isso quer dizer que ao contrário da perversão do instinto demonstrada por Freud a propósito da fundação da subjetividade – no contexto da primeira experiência de satisfação, quando das respostas às urgências vitais para as quais o Outro é convocado –, temos na toxicomania a perversão do desejo enquanto necessariamente desejo de nada.

Isso nos coloca problemas difíceis de responder, pois afinal de contas um toxicômano é humano, fala, está inscrito entre os faltantes, logo é faltoso. Então como sustentar a hipótese da perversão do desejo, ou melhor, de um estatuto da primazia do Real ao modo do que antes era a ordem natural?

Sabemos que é em um ponto mítico, irredutível da constituição da estrutura que se estabelece uma neurose, uma psicose ou uma perversão. Já aludimos à noção de "aposta" que Lacan nos indicou com seus matemas nos estudos sobre os jogos modernos, e com isso podemos entender que, a despeito da insuficiência do recalque originário, ainda assim alguma estrutura com o nó do simbólico só acontece nas estruturas psíquicas do humano.

Assim podemos de pronto delimitar que uma tal operação na contramão de uma certa suficiência estrutural do recalque originário, da ordem simbólica, não destitui o humano essencialmente. Do mesmo modo que na psicose o desejo não entra em jogo, na perversão ele entra em jogo parcialmente, metonimicamente.

Seria então a toxicomania uma manifestação fenomenológica do objeto análoga ao fetiche?

A princípio pareceria que sim, exceto se observarmos a ausência de erotização no gozo do toxicômano.

O objeto fetiche é uma metonímia estanque do semblante, logo um semblante insubstituível metaforicamente do falo materno enquanto a droga na toxicomania não ocupa esse estatuto.

Na relação com o objeto fetiche o desejo fica refém do gozo, contudo, na toxicomania, o objeto responde à demanda e não ao desejo.

O objeto não é metaforizado, não é determinado pelo significante; dessa maneira o toxicômano fica refém da droga, referido a um mais de gozar, sem interdito, que desconhece a lei simbólica e transpõe os limites que situam as negociações, sem as quais o rumo é a delinquência e a morte.

O toxicômano experimenta um efeito gozoso que encontra sua eficácia apenas em fazer sumir completamente qualquer sinal da falta e, consequentemente, da entrada em jogo do desejo.

É como se os traços mnêmicos da mítica experiência de satisfação apontada por Freud em o "Projeto para uma psicologia científica", como ponto preliminar para a tessitura da pulsão e consequente escalada significante do objeto, sofressem uma síncope.

Ocorre que a adolescência é um segundo tempo concernente a novas urgências do corpo sem representações simbólicas inscritas previamente que possam a elas responder. Na adolescência o corpo sofre uma verdadeira metamorfose e instala novos níveis de exigências do Real.

É por essa razão que a toxicomania é uma operação que possui uma estreita relação com a adolescência desde que circunscreve uma contingência muito particular quanto a exigências do Real do corpo.

O toxicômano opera a relação de objeto no nível da relação demandante que exige uma intervenção fisiológica do objeto para uma necessidade.

Dessa forma, ele não se faz representar enquanto sujeito na medida em que progrida na busca do objeto. Apenas "dosa" níveis vitais de necessidade, desconhecendo a dialética da morte que opera o simbólico. Corre, portanto, o risco constante de morrer para anestesiar a vida – enquanto intensa metabolização de funções orgânicas –, já que a pulsão de morte não escande, não suprime o efeito de completude fisiológica na via da criação de um objeto fantasmático, protótipo de um símbolo para o jogo de presença-ausência pulsátil na fisiologia do corpo humano.

É preciso chamar atenção que, se num primeiro tempo da radical imposição do corpo com o nascimento é o Outro, que aparece como instância mediadora na relação de objeto, na adolescência é o semelhante que ocupa a prevalência. Daí porque o nó da estrutura encontra nesse tempo seu enodamento. O esquema Z de Lacan nos apresenta esse circuito.

Se o corpo, a fisiologia do corpo, o metabolismo do corpo podem ser preenchidos pela droga – na toxicomania –, ficando completos com a dose que regula o nível da substância faltosa, por que se expor à inquietação da falta, da existência?

Eis o grande desafio da clínica da toxicomania. O toxicômano está muito bem com sua droga.

Ao modo da ordenação da primeira experiência de satisfação com o objeto – uma operação incipiente referentemente ao desejo, que caracteriza uma relação da demanda com o objeto –, poderíamos pensar que o toxicômano busca a solução imediata para o desprazer fisiológico da abstinência. Contudo, na primeira experiência de satisfação é o Outro que responde com o objeto, há um Outro que supostamente sabe desse objeto, ainda que o sujeito da demanda o desconheça. Na toxicomania esse sujeito conhece o objeto capaz de preencher a falta bioquímica. Ou seja, a mediação do Outro na construção do trilho desejante fica de fora. Isso a princípio parece estabelecer um estatuto patente para o objeto como se passa, por exemplo, com o objeto do instinto nos demais seres vivos. Contudo, ainda que o objeto para o toxicômano não seja um imperativo do Outro, ele não é natural. A droga não é um objeto da ordem do natural para establecer níveis metabólicos reguladores para a preservação da espécie, pelo contrário, ela envenena. Portanto, de certa maneira ela supõe a cultura, situando a precedência simbólica da subjetividade do toxicômano.

Daí por que faz sentido estabelecer a lógica a partir da qual podemos dizer que o toxicômano perverte o desejo, referindo-se radicalmente a um objeto que não está marcado pela ordem significante.

Os toxicômanos não produzem texto, tal como o neurótico em busca de um semblante para a falta, nem como o psicótico que pela via do delírio encontra um termo que situa o existir para o gozo do Outro. Tampouco como o fetichista ele em segredo logra o falo do Outro materno. Ele goza da morte, ele ignora a exigência de engajar-se de algum modo na relação com o desejo. Recusa-se a existir.

A única queixa que poderia pronunciar é a respeito da falta de sua droga e quanto a isso não têm a quem se queixar, apenas irá buscar o objeto pagando com a vida, se for preciso, ignorando toda a rede simbólica da malha das autenticações no âmbito da conduta humana.

Certamente que aí se dá o descampado da delinquência.

Contudo, o crime pressupõe a lei. E é aí que o toxicômano está implicado

no simbólico. Ao contrário do psicótico, ele sabe que é criminoso quando transgride em direção a sua droga – mesmo que isso não faça o menor sentido como acontece para o fetichista –, embora isso não seja suficiente para detê-lo. Ele não está engajado na produção de uma imagem fálica para si como o faz caricaturalmente o alcoólatra encarnando o Outro, bebendo-o.

O Outro do toxicômano é a droga, e isso é o horror para quem o toma como semelhante, na medida em que ela é, concomitantemente, tudo e nada, sem sentido, sem ordenação significante e consequentemente sem nenhuma possibilidade de galgar significações, partilhas, o que comumente conduz à delinquência.

CAPÍTULO IV

A CLÍNICA DA TOXICOMANIA

Talvez não seja demais repetir que a clínica da Toxicomania estamos denominando o modo de constituir, para efeitos didáticos – no sentido do que Lacan proferiu: "Toda análise é didática" – uma questão para certos circuitos estruturais que se apresentam como questão na clínica.

Proponho pensar três caminhos radicalmente distintos por onde o fenômeno drogadito se instala. Dois deles se confundem, numa mirada inadvertida, com a toxicomania, e o terceiro é o da toxicomania propriamente dita.

O primeiro é o que já apontamos a propósito do uso das drogas na adolescência como signo capaz de sustentar um traço de identificação entre semelhantes que precisam destituir o Outro no caminho da busca de apropriação das radicais singularidades do desejo e consequentes demarcações das diferenças com o Outro, que, de maneira complexa, buscam concomitantemente autenticação.

Se podemos concordar que a clínica da Psicanálise é uma clínica do desejo, e que o único desejo possível para o analista em exercício de sua função é o desejo de que haja desejo, assim como que a única perspectiva prévia para o destino de uma análise é a de que o sujeito se aproprie de seu desejo e estabeleça as consequências dessa apropriação, de maneira radicalmente singular, então poderemos também admitir que a clínica dos pacientes adolescentes que usam drogas é, de maneira geral, principalmente se eles mesmos procuram a análise, muito profícua.

Os pais costumam fazer muita confusão ante isso, e, com frequência, nos dão um bocado de trabalho, demandando que façamos o extermínio da droga na vida de seus filhos. Mas esses rapazes e essas moças terminam por convencê-los da impertinência dessa preocupação.

A droga é um elemento marcado para cair fora do complexo assim que a travessia das identificações ganha seu contorno. Nesse contexto ela não merece nenhuma atenção em particular; é mais um elemento do ritmo metafórico das inquietantes, nebulosas e atrapalhadas construções da adolescência.

O segundo é um caminho de estrutura histérica, no qual adultos confrontados com injunções de difíceis soluções subjetivas, como também confrontados com uma insuficiência às suas pretensões fálicas, e ainda por escolherem ousar o encontro com os efeitos sensoriais prazerosos das drogas em grupos de identidades muito marcadas pelas exigências de vanguarda e expressões de altos teores emocionais, como vemos acontecer, por exemplo, com o segmento dos artistas, utilizam a droga como dispositivo regulador de experiências afetadas na ordem fálica. Costumam ser pacientes que buscam o entorpecimento de seus afetos, apagando-os ou exacerbando-os.

Esses fenômenos também não colocam nenhum tipo de preocupação particular quanto à droga, exceto quando acontece um acidente químico, algo que também estaria posto no primeiro caminho, mas que dificilmente um paciente implicado em sua análise vivencia, já que estando implicado numa construção de saber sobre o desejo, um analisante está advertido sobre sua implicação em seu ato, de modo que não é comum uma passagem ao ato dessa ordem se estender na clínica.

E o terceiro caminho é o que passamos a chamar de toxicomania. Aí sim, a droga é uma questão fundamental, de caráter particular, pois está nela tudo o que sustenta a existência desse paciente, sem que seja possível qualquer interpretação.

No segmento anterior deste capítulo tratamos longamente dessa operação, que convoca um manejo exigente de três elementos fundamentais na instalação e no decurso de uma análise: a demanda de análise, a transferência e a intervenção do analista.

A DEMANDA DE ANÁLISE

Nunca recebi uma demanda de análise de um toxicômano em minha clínica. Aqueles de quem tratei chegaram até mim trazidos por algum parente ou amigo em condições de alto risco de morte.

Esse é um ponto de partida bastante complexo e de discussão exigente.

Sabemos que o toxicômano passa muito bem com sua droga e muito mal sem ela, já que a única relação que mantém em sua existência, inoportuna, é presidida por ela, bioquimicamente.

A condição para viver mais algum tempo, seja uma hora, um dia ou um mês, é consumir a próxima dose, que nesse rumo, inevitavelmente, tornar-se-á *overdose* e levá-lo-á à morte. O toxicômano sabe disso, e isso nada importa para ele, pois morrer é um caminho inevitável no rumo que leva ao encontro com o efeito buscado a cada instante: completar os níveis químicos que suprimem qualquer sinal da falta, no Real.

Portanto, a conduta do toxicômano está atrelada unicamente ao que o conduz na direção da droga, passando por cima do que quer que seja para chegar até ela. Nesse sentido seu ato é insustentável na cultura, já que é um gozo sem limites para o qual ele infringe a lei simbólica em *overdoses.*

Então, que aposta o analista deve fazer quando é confrontado com uma demanda que de modo algum implica o paciente, do ponto de vista do desejo? Nem sequer o desejo chega à análise pela via da alienação ao desejo do Outro, como é o caso da demanda de análise do psicótico trazido pelos pais.

É justamente no trilho do que faz alguém padecer do sintoma social que a demanda de um toxicômano chega a nossos consultórios.

O toxicômano é um prosélito no que diz respeito à sua droga, e sua obstinação nessa direção, de maneira patente, embora experimentada em segredo, tem, na maior parte das vezes, o poder de convencer aqueles que com ele precisa manter o convívio de que talvez o melhor para ele seja o encontro com a *overdose.*

Contudo, essa verdade é insuportável, e reativamente a ela é que uma demanda é encaminhada ao analista.

O toxicômano arruína toda ordem ao seu redor. Arruína qualquer possibilidade de interpretação de seu sintoma que tente evitar sua morte. Arruína também o arcabouço moral de sua família ou daqueles que de algum modo tenham enlaces com ele, e degrada-se, ele próprio, violentamente. Deixa a todos desvalidos no combate à droga heroína, enquanto ele próprio a cultua.

Ora, um analista não pode ocupar sua função encarnando qualquer cumplicidade e muito menos qualquer posição superegoica. Sendo assim, como atender a uma demanda que imediatamente coloca em cena uma posição fora-da-lei? Conheço em minha própria clínica, na de supervisandos e de colegas, alguns casos de pacientes que se drogam no banheiro dos consultórios de seus analistas e de modo algum isso é um desafio, uma provocação à alteridade, mas sim um ato oportunista: ele encontra um lugar seguro para a aplicação de sua droga, como seria qualquer outro no qual pudesse driblar o impedimento certeiro; para ele isso é tudo, e nenhuma questão do ponto de vista ético se impõe a ele.

Contudo, do lado do analista, isso sublinha as questões sobre a ética do desejo.

Costumamos atender a demandas de análise feitas por pais para as crianças, para os adolescentes e para os psicóticos. Por que atendemos a essas demandas?

Porque essas demandas, ainda que não sejam feitas pelo sujeito em questão, partem de uma posição relevante na ordem simbólica do complexo que fundam e intervêm na subjetividade de um sujeito alienado pelo Outro, encarnado de maneira patente por aqueles que os levam à análise.

Então, qual a diferença entre essas demandas para uma análise e a dos pais de um toxicômano?

A primeira coisa é que quando recebemos pais trazendo filhos para a análise de uma criança, um adolescente ou um psicótico, acolhemos uma demanda para análise e, de maneira geral, a vinda ao consultório trazendo um toxicômano, coisa bastante difícil de acontecer contando com seu consentimento, é uma demanda para salvar o paciente da droga.

Poderíamos dizer que os pais das crianças também querem que as salvemos de algo, querem que as salvemos de seus sintomas, que os pais dos adolescentes querem ajuda na relação entre eles e seus filhos, e reforço para a intervenção quanto à rebeldia que eles não mais controlam, e que muitos pais de psicóticos esperam que eliminemos o delírio. A demanda parte sempre de uma idealização pertinente, essa é a função do imaginário nos primórdios da Transferência.

Ocorre que é possível intervir quanto a essa porção imaginária da transferência em tempo dilatado e indefinido, em tempo lógico, enquanto o toxicômano nos chega à beira de uma *overdose* mortífera. Ou seja, há uma convocação para uma "intervenção instantânea", para um combate urgente a um objeto previamente estabelecido e fora da ordem das metaforizações.

Como já vimos, na relação do toxicômano com a droga não se dá a mutação da necessidade em desejo. Portanto, estamos fora da ordem das cadeias metafóricas dos significantes. Existe um objeto que é dotado de propriedades famacodinâmicas e que é capaz de produzir efeitos de resposta à falta no nível do orgânico produzindo uma dessubjetivação da relação. Tal demanda é uma demanda de regulação orgânica.

Portanto, do ponto de vista do toxicômano não há demanda alguma, e do ponto de vista das alteridades que o trazem à análise a demanda é mais de interferência do que de intervenção.

Além do mais, o "tem-de-ser-agora" do toxicômano, em todos os sentidos – perversão da função do tempo na ordem simbólica –, coloca uma questão quanto à morte Real.

Um psicanalista não encontra onde ancorar nas referências para o ato analítico, um lugar dentre o mutirão para a defesa da vida, na relação com um analisante. Sua função lhe exige deixar vago o lugar do desejo, e por mais estonteantes que possam parecer as referências éticas tomadas dentro do circuito de uma certa normatividade da cultura, ele deve, para exercer sua função, admitir o desejo de morte de um analisante. Eis uma faceta complexa da atipia da função de um analista.

Esse imperativo universal, diante de um desejo que pode decidir pela morte, como ocorre na análise de um paciente suicida, ganha no caso de um toxicômano contornos distintos e situáveis.

A literatura e o cinema muitas vezes revelaram o princípio que sustenta a pertinência de um desejo de morte incontestável para alguns poucos. Todavia, essa estranha e sinistra pertinência que encontramos nesses casos a partir de uma exigência ética, funda-se na dramática apropriação desse desejo pelo sujeito que o sustenta.

Esse não é o caso do toxicômano que ignora o custo de deixar de existir, decidindo não pagar pela vida, ignorando-a em sua exigência faltosa.

O toxicômano não é um suicida que fecha a conta da vida com propósito e por decreto, em dia e hora marcados. Ele não está estabelecendo com a morte um ponto de basta para a impossibilidade de negociar sua angústia com o Outro. Ele quer gozar da completude, e para isso precisa ser faltoso. Um morto não pode gozar! Para que haja gozo é preciso estar posta a dialética da vida e da morte, da presença e da ausência.

A morte para o toxicômano é uma consequência inevitável da previsível aritmética da *overdose*, que em sua obstinação em direção ao gozo ele desafia e conquista, contudo sem esse propósito.

Dessa forma não é possível ao analista testemunhar sua sabotagem da vida na direção da morte sem interdições no Real. De modo que penso que as demandas que chegam ao analista nessa hora nem de longe são demandas de análise acolhidas como tais.

Encontramos assim uma incompatibilidade do dispositivo da análise com a toxicomania?

Penso que não.

Não temos bola de cristal, não somos guiados em nossa prática pela clarividência. Mas certamente não é à toa que a família de um toxicômano resolve levá-lo a um analista. Fazer a ele uma suposição de saber.

Somos procurados porque somos analistas, porém na ausência de condições para intervir num processo analítico – já que as circunstâncias da demanda exigem um manejo distinto da regra fundamental de um tratamento psicanalítico –, que nos adverte sobre as ciladas de atender a uma demanda.

Contudo, chega até nós alguém trazido por seus familiares, que nos atribuem um saber para uma circunstância imediata – e isso é literalmente vital. E, claro, não temos nenhuma solução pronta para isso. Todavia, se ficarmos inteiramente silenciosos, por exemplo, como seria possível e até provável nos primeiros momentos de uma demanda complexa de análise, essa família não voltará, simplesmente porque uma providência é vital. E isso, nesse caso, contém toda legitimidade.

Temos então de admitir o difícil manejo de nossa intervenção, que curiosamente estará acolhendo uma demanda que não traz a implicação do desejo em nenhum nível do complexo da instalação da análise e que, ao contrário de apontar nosso não-saber para aquilo que nos é suposto, aponta o nosso saber: o toxicômano sabe o que lhe falta e nós, também.

Essa é toda a subversão do que costumamos situar no ponto de fundação de uma demanda de análise.

Se no curso do encontro entre um analista e um toxicômano advier uma análise, certamente é porque de algum modo foi possível, partindo do acolhimento de uma demanda para que ele escape da morte, subjetivar a experiência de um gozo mortífero. Tarefa imprevisível e imponderável, que contará com os enigmas dos efeitos de um encontro capaz de colocar o desejo em causa pela via da Transferência.

A TRANSFERÊNCIA

A Transferência, como sabemos, é o trilho por onde se instala uma análise. Ela é aquilatada por Lacan como conceito fundamental da Psicanálise, justamente porque é uma condição para essa clínica. Ela trata de pôr em cena os elementos constitutivos da subjetividade, e no curso de um processo de análise esses elementos se rearranjam, ressituando a relação do sujeito com o gozo, que sintomaticamente sustentava sua existência.

Portanto, certamente essa é a perspectiva que a Psicanálise pode apontar para um toxicômano, ainda que sem a mínima garantia.

Gostaria de sublinhar que estou considerando o termo toxicomania apenas para os casos de radical gravidade quanto à dependência, no sentido estabelecido no segmento anterior – aqueles para quem a falta tem de ser obturada. Do ponto de vista dos usuários de droga que se situam no conjunto dos humanos para quem a relação com a falta é essencial à vida, a questão da transferência funciona desde sua instalação, referida à ordem significante própria a cada estrutura, e a intervenção do analista acompanha a lei da estrutura.

Quando Lacan forjou operações topológicas para demonstrar as relações entre Real, Simbólico e Imaginário, nos forneceu a possibilidade de articular três níveis da Transferência: o Simbólico da Transferência, que estabelece o significante da Transferência; o Imaginário da Transferência, que constitui o invólucro do que produz o amor, Real da Transferência; e o Real da Transferência, que não é simbólico e tampouco imaginário, e que efetiva, na Transferência, uma colagem do objeto com o gozo.

Poderíamos visualizar no nó:

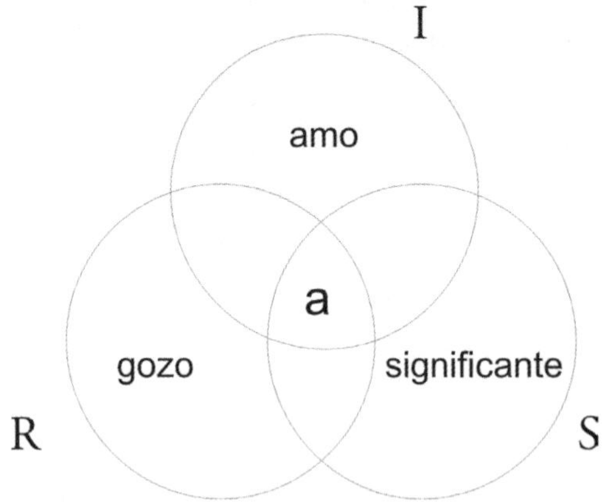

Dessa forma, poderíamos dizer que existe um enodamento do Real, Simbólico e Imaginário na Transferência, que se sustenta no Real da Transferência, porquanto é a partir da falta de saber, do desconhecimento, que essencialmente se erige a suposição de saber, constitutiva da alavanca da Transferência[1]. Lacan, no *Le Sinthome*, nos afirma: "O que é que, em suma, nos

1 Conferir interessante perspectiva desta questão no trabalho de Alba Flesler em "*Cuadernos Sigmund Freud 20*".

detém? Nos detém no que é imediato, que é uma espécie de evidência, se assim posso dizer, esta evidência que, a respeito do Real, faço com um chiste que sustento com o *evidement* (cavar um buraco). O que resiste a essa evidência – *evidement* – é a aparência nodal que produz o que eu chamarei o *chaînoeud* (corrente nó), equivocando sobre corrente e sobre nó. Esta aparência nodal, esta forma de nó, se assim posso dizer, é o que faz do Real a segurança. E eu diria nessa ocasião que é, portanto, uma falácia que testemunha pelo que é o Real".[2]

É apenas considerando essa perspectiva indicada por Lacan que é possível operar a função de analista, tal como ele nos ensina no matema do discurso do analista, estabelecendo o saber no lugar da verdade, a partir da posição de semblante que agencia.

agente ----------- outro
----------- -----------
verdade produção

a S
----------- ---------
S2 S1

E é dessa maneira que é possível recolocar a função do analista como função paterna ou função do Real, tomando como base a orientação que nos fornece Lacan, no último parágrafo do RSI: "(...) Será o Pai aquele que deu o nome às coisas? Ou deve esse Pai ser interrogado enquanto Pai, no nível do Real? Será, afinal, que o Pai eterno, ao qual, é claro, nada nos impede acreditar, se for pensável que ele próprio acredita nele, mas isso é inteiro e claramente impensável, será que devemos pôr o termo nominação como atado no nível desse círculo de que suportamos a função do Real? É entre esses três termos, nominação do Imaginário como inibição, nominação do Real como acontece de ela se passar de fato, quer dizer, angústia, ou nominação do Simbólico, quero dizer, implicado, fina flor do próprio Simbólico, ou seja, como se passa, efetivamente, na forma do Sintoma, será entre esses três termos que tentarei, ano que vem, e não é por ter a resposta que não vou deixá-la como questão, me interrogar quanto ao que convém dar como substância ao Nome do Pai."[3]

2 Lacan J. (1977) O Seminário, livro 23, Le Sinthome, (inédito).

3 Lacan, J. (1974-75) O Seminário, livro 22, RSI (inédito).

Portanto, eis aí mais uma possibilidade de demonstração do nó borromeu, onde se coloca a perspectiva do que dá início a uma análise. Alguém começa uma análise porque desconhece o que produz em si uma inibição, um sintoma ou uma angústia e estabelece um lugar Outro para onde endereçar a questão de sua existência.

Assim se estabelece uma girândola que situa, topologicamente, os efeitos das intersecções entre Real, Simbólico e Imaginário, conforme intervenha o elemento nuclear do enodamento: o objeto "a", do qual o analista se reveste em sua função.

A Transferência, como nos lembra Lacan, é o que, da pulsão, desvia a demanda e é o desejo do analista que a traz ali de volta. O analista opera na transferência isolando o "a", colocando-o a distância do I (identificação) que ele é convocado a encarnar.

Portanto, esse tempo da transferência é articulado pelo avatar do fantasma que se torna, efetivamente, a pulsão.

Ora, toda a questão quanto à Transferência de um toxicômano é que haja a possibilidade de sustentar no tempo os efeitos da falta. Para ir além da necessidade é preciso que haja uma dilatação de tempo entre uma dose e outra, para que seja possível emergir o efeito da falta que recoloque – ainda que por um fio – a dialética da subjetivação, da ordem significante.

Ao contrário do que poderíamos pensar a princípio quanto à Transferência de um toxicômano – referidos à problemática da demanda que frequentemente dá início ao tratamento –, a experiência clínica revela plena aptidão para colocá-la em circuito.

De modo que se tivermos a sorte de testemunhar uma pequena brecha no circuito gozoso – que perverte o desejo –, pelo efeito da Transferência, estará feita a aposta da análise.

Contudo, a clínica nos revela que a Transferência na análise de um toxicômano contará com a estrutura da adição, de maneira que o analista será tomado por ele como sua droga. Haverá verdadeiros sismos toda vez que sua ausência se anunciar ou se estabelecer. Isso exige um manejo criativo e ímpar em cada análise, e é preciso que um analista que toma um toxicômano em análise esteja advertido a esse respeito.

A INTERVENÇÃO DO ANALISTA

O que pode haver de descritivamente específico a propósito da intervenção do analista num caso de toxicomania?

Como já tratamos, essa especificidade se coloca de maneira irredutível no primeiro tempo do tratamento, quando nos confrontamos com um parco esboço da demanda de análise.

Certamente que do lugar que catalisa infinitas demandas, o analista é tentado, frequentemente, a incorrer no equívoco que o sofrimento subjetivo propõe: encontrar um cúmplice para o gozo imperativo. Quantas vezes ficamos a pensar: por que será que ele se submete aos abusos dessa sua mulher fálica? Por que será que ela mantém tal relação com esta amiga vertiginosa e aproveitadora? Por que este jovem, já tão independente financeiramente, atende a todos os caprichos de tal mãe abusiva? Por que alguém submete toda a possibilidade de satisfações e construções da vida a uma substância química? etc.

É justamente na lógica estrutural, escondida neste sentimento de autopiedade, que não raramente fisga até experientes analistas, que se encontra a base para a intervenção do analista na Transferência, de forma sublinhada na toxicomania.

A estrutura do fantasma revela, nessas montagens imaginárias, a topologia do sujeito refém do gozo do Outro. Aí é preciso estar de posse de um saber que só a própria análise confere, para sustentar o amor de Transferência.

"Sentimento dirigido à pessoa do analista", definia Freud, nos primórdios, a propósito da Transferência. Passado e presente relacionam-se na análise, na medida em que, se não é possível a lembrança, se estabelece a repetição. Repetição que dita o imperativo da diferença ao revelar a insuficiência do passado travestido no presente. Isso coloca a dimensão da interpretação como produtora de um lugar próprio ao sujeito, diferente daquele em que estava refém dele mesmo, em seu gozo.

Quando a diferença se torna irrefutável e a castração passa a operar seus efeitos, acolhendo a estranheza da angústia, faz-se a exigência da criação. Isso destitui qualquer sonho de felicidade a conquistar com a análise, mas arranja de maneira fascinante a dimensão poética do drama.

A Transferência é uma invenção freudiana que atesta o desejo como desejo do Outro. Essa é uma verdade que se coloca na Transferência, naquilo que um analista é capaz de transmitir ao analisante, sendo a razão pela qual o Desejo do analista é a mola fundamental de uma análise, Desejo de que haja Desejo; essa é a posição radical que, topologicamente, funda a função do analista.

Todo o problema aí é o de ultrapassar a resistência do analista, já que, onde ele oblitera a dimensão desejante, onde declina de seu lugar, o analisante encarna o objeto e goza na contramão da análise.

Transferência e resistência estiveram sempre relacionadas, justamente porque não há endereçamento que não conte com a dimensão do Real enquanto própria à Transferência.

Isso é o que estonteia, porquanto coloca o enigma do atrativo do objeto, indagando o que o reveste com tanto lustro, e que antes de tudo é a presença do investimento erógeno, onde o objeto "a", ao mesmo tempo, faz-se presente e ausente – questões que um toxicômano sabota com sua farmacologia aritmética, formulando uma afânise *sexolítica*.

Tocamos assim naquilo que mantém um analista em sua função, que ao contrário de ser monótona, é pura diversidade de sentidos, deixando-o sempre perplexo que de sua falta alguém venha a fazer criação. Criação de um lugar, pelas vias mais inusitadas, às vezes trágicas, às vezes dramáticas, às vezes bizarras, às vezes poéticas, com amor e também com ódio, mas, sobretudo, com radical singularidade.

Delimitar o ponto central onde se escreve o "a" é toda a impossível tarefa do analista em sua posição essencial na topologia da Transferência de um toxicômano.

Todavia – a despeito de toda a problemática aditiva a atravessar, podendo só retroativamente conhecer a possibilidade de um desmame da transferência –, é preciso fazer a aposta.

E fazê-la com toda a gravidade e rigor dos ensinamentos freudianos, que exigem jamais saber do "Bem" para um sujeito, sob pena de destituir o fundamental: um saber sobre o desejo.

Esse é o equívoco radical que algumas práticas terapêuticas cometem quanto ao toxicômano, quando, apropriando-se de seu proselitismo, lhes oferecem uma ideologia substituta da droga, na maior parte das vezes de cunho religioso. Isso é uma proposta de assassinato do desejo que – temos de lastimar ver emplacar com tanta frequência –, de maneira geral, é guiado pela "nova economia de mercado", à qual está submetido o sintoma social.

Goza! É o imperativo dessa nova economia consumista que não suporta as consequências da falta e que faz eco pela via de certas concepções de tratamento.

Desse modo, devo registrar aqui meu lamento em testemunhar essas operações dentro de minha clínica, em situações nas quais algumas famílias seduzidas por essa oferta interrompem a análise para conduzir o paciente a uma clínica que tem um objeto substituto a oferecer pela via de uma sugestão que ratifica a operação gozosa.

Infelizmente é preciso que o paciente faça essa travessia nefasta para que se possam revelar as danosas consequências desse caminho, e assim assistirmos mais tarde a seu retorno à demanda de recondução da análise.

CAPÍTULO V

TRÊS REGISTROS PANORÂMICOS DA CLÍNICA

Neste capítulo, quero sublinhar, pela via da apresentação de apontamentos de três casos clínicos, as radicais diferenças estruturais de sujeitos drogaditos – na operação que conduz ao objeto, na relação com o Outro e na dimensão do gozo –, para um melhor entendimento do fenômeno da drogadição.

No capítulo anterior havia apontado que existem três operações estruturalmente distintas, do ponto de vista da relação com a droga: uma posição da droga enquanto signo nos processos de formulação da posição, que marcando a diferença na relação com o Outro, irá constituir o sujeito na adolescência; uma posição da droga enquanto encarnação de traços do Outro num processo de identificação e incorporação do objeto fálico; e uma posição da droga como objeto da demanda que antecede no Real a qualquer tomada de subjetivação da ordem significante relativamente ao desejo.

PAULO: O FANTASMA DO AVÔ VALENTE

Para tratar da primeira operação vou evocar meu encontro com um rapaz, a quem chamarei de Paulo.

Paulo chegou a meu consultório trazido pela mãe, que a seu pedido havia providenciado o caminho para o encontro com um analista. Ele estava muito angustiado, fazia dias que não dormia, tampouco conseguia se alimentar, e se queixava de um "desespero sem trégua", que se expressava pelo temor implacável de que teria AIDS. Ele tinha 15 anos e fazia seis meses que, contrariando muitas recomendações profiláticas de seus pais quanto à prevenção de doenças sexualmente transmissíveis – de maneira particular a AIDS –, havia tido sua primeira experiência sexual com uma garota de programa, sugerida pelos amigos. Tudo se passou numa farra na qual, depois de beber bastante com os amigos, foi levado ao encontro da "garota", para ser iniciado sexualmente. Ao final do ato sexual, a "garota", a pedido dos amigos, que conheciam seus temores das doenças transmitidas sexualmente, disse-lhe, a título de chacota, que estava doente.

Os dias seguintes a esse acontecimento foram, segundo sua narrativa, "infernais". Ele passou a pensar na morte dia e noite e julgava que se tratava de castigo – provavelmente vindo do fantasma de seu avô, já morto, admoestando-o por suas fantasias eróticas que, na contramão de todas as expectativas de como deveria ser um homem de sua família, culminavam em masturbações perturbadoras por conterem elevadas cotas de excitação advindas de imagens que envolviam penetração anal com objetos diversos.

Desde menino escutava o pai recomendar que ele precisava ser "valente e macho" como eram todos os descendentes de seu avô. Tal recomendação era referida a inúmeras histórias de embates, discussões e brigas dos homens da família em lugares públicos, valendo-lhes a alcunha de machos viris, na cidade em que viviam. Esse avô era um homem bem-sucedido na profissão, e o pai de Paulo esperava que tal como ele, o filho ingressasse na mesma profissão, com o mesmo sucesso das três gerações anteriores – o bisavô também havia tido a mesma profissão, com êxito.

Essa exigência de compor uma posição dentre os descendentes, expondo-se a todo tipo de encrencas que fosse possível na juventude, era extremamente angustiante. Ao mesmo tempo que depreendia das palavras do pai um desafio para as brigas bem-sucedidas, na rua, enfrentava também as repreensões e inquietações da mãe, que cobravam uma dívida para com as expectativas de que ele reconhecesse o esforço feito por ela para sustentar sua distinta educação intelectual. Esse rapaz falava três línguas com 15 anos, era leitor de Sartre, tocava violão e tinha envolvimentos de liderança na política estudantil.

Ocorre que a exigência para que ele atendesse às expectativas de virilidade, tal como a entendiam o pai e a mãe, tomava caminhos muito diferentes, por vezes contraditórios – como era o caso das recomendações quanto à sexualidade, dentre as quais o pai dizia para ele "pegar a maior quantidade de mulheres da turma", enquanto a mãe costumava lembrá-lo de que "as garotas da turma eram tais como sua irmã e deveriam ser respeitadas". Ele costumava ser guiado sobremaneira pelas recomendações do pai, contudo padecia de culpa diante das repreensões maternas.

Havia também uma tensão constante quanto ao medo, que precisava ser disfarçado, de que se desse mal em uma das muitas desavenças das quais participava, na rua. Deixaria assim de compor a linhagem viril dos homens da família; isso constantemente atrapalhava seu sono.

Algum tempo antes que acontecesse o episódio com a garota de programa, ele havia se aproximado de um grupo de rapazes do bairro em que morava, numa academia de artes marciais. Esses rapazes faziam uso frequente de maconha e *ecstasy* e passaram a ter um lugar de destaque entre os adolescentes da cidade, por se saírem bem nos embates corporais. Antes de alguma briga anunciada, era costume o ritual da maconha, e dessa forma ele foi introduzido no circuito do "calibrar", que era como eles chamavam a preparação para o embate. Todavia, fazia pouco uso, até quando veio a acontecer o episódio da iniciação sexual.

Não era possível demonstrar fraqueza entre os amigos, pois sua fama de valente na academia havia sido a senha para a pertença a esse grupo, que a despeito de tal configuração continha outros rapazes igualmente desafiados pela exigente pergunta: "que queres de mim?".

Particularmente, havia um líder no grupo que de algum modo lhe oferecia a síntese para as exigências de seus pais: era extremamente agressivo e condutor do argumento que produzia as balbúrdias criadas para os embates, mas, concomitantemente, apaixonado e fiel à sua namorada, que era também o ideal de garota para todos do grupo, de modo que as outras garotas pareciam com ela.

Foi justamente essa turma que o levou para o ritual de iniciação sexual que, desastrosamente, culminou em uma crise subjetiva.

Era o mais novo da turma, porém possuía traços que o destacavam na disputa fálica do grupo, de maneira evidente os requisitos intelectuais – era culto e estudioso, diferentemente dos demais. Isso havia proporcionado prevalência na conquista das garotas. Contudo, as perturbações com as fantasias eróticas dificultavam a aproximação com elas. Ficava cheio de medo de contrair doenças, tal como seus pais advertiam. Por essa razão acolheu a oferta dos amigos para levarem-no a uma garota de programa. Segundo pensou na ocasião, uma garota de programa não espera ser respeitada, e assim poderia se lançar à cena erótica sem contrariar as recomendações da mãe.

Ocorre que, subitamente, logo após esse encontro, ele fica atormentado de angústia e acometido de vários sintomas, dentre eles a impossibilidade de dormir, pelo temor de sonhar com o avô, uma disfunção erétil nas masturbações e o medo terrível de ter contraído AIDS.

Nesse período, entre o encontro com a garota de programa e a primeira entrevista para a análise, ele havia aumentado radicalmente o consumo de maconha – até então fazia uso uma ou duas vezes no mês, e alterou esse consumo para uma vez por dia, depois duas e depois três –, e passou a ter dificuldades nos estudos, na alimentação e no sono, razões que o levaram a pedir à mãe que procurasse um analista.

Paulo era um garoto jovem, mas conhecia o valor de um texto. Citava Sartre algumas vezes e trazia alguns escritos que tentavam metaforizar as razões de suas inquietações para as sessões de análise. Estava atravessado pelo sintoma, submetido à ordem simbólica e ao encadeamento do significante, que encontrou na droga um semblante provisório.

A partir de então, veio a meu consultório por oito anos. Por isso posso dizer que fui testemunha da construção de muitas razões para existir, considerando seu próprio desejo e negociando corajosamente as diferenças com o Outro que o fundou.

O consumo de maconha, após alguns meses de análise, foi declinando e durou por volta de mais um ano. Adiante, passou a ser um simpático opositor da droga entre os amigos, encaminhando-os muitas vezes para a análise – cheguei a atender a algumas de suas indicações, que poderiam compor uma lista de exemplos para esse tipo de relação com a droga instalado em algum momento da adolescência, em que um anestésico para as inquietações vindas do sexo, e das exigências do Outro, fazem sentido na relação com o semelhante.

ELISA E AS "LUZES DA RIBALTA"

Elisa tinha trinta e dois anos quando veio até mim em absoluto desespero. Havia acabado de receber a comunicação de um juiz a respeito da perda da guarda de suas duas filhas, após aproximadamente dois anos de uma complicada separação conjugal indesejada.

Era filha única de um pai alcoólatra que lhe havia infligido muita "dor e vergonha" durante a infância e a adolescência com os recorrentes vexames que aprontava ao ficar "desorientado, apagado e decrépito" nas ruas, pelas agressões físicas incontidas à sua mãe, que muitas vezes precisava contar com a ajuda dos vizinhos, e pelas enormes dificuldades financeiras que não raro levavam à privação da alimentação regular caso faltasse clientes para a costura da mãe.

Já na infância começou a brincar de ser atriz, brincadeira que lhe servia para atenuar o sofrimento do mal-estar na família. Dessa saída lúdica para a insuficiência da cena diária da vida, adveio o desejo de ingressar na carreira artística, embora contando com poucos recursos. Sua mãe trabalhava com afinco, com o objetivo de atender a essa expectativa – ela que era uma apaixonada pelo cinema, de maneira particular por Chaplin, de onde depreende uma máxima para a vida em "Luzes da ribalta": "o espetáculo jamais deve acabar".

A mãe costumava dizer-lhe que quando a vida se mostrasse muito difícil, brincasse de representar, que a vida era sempre uma invenção, que era um nada do qual se poderia tudo fazer.

Aos dezessete anos entra para um curso de artes cênicas, contando com as economias que a mãe havia juntado após se tornar uma costureira reconhecida. Esse é um período de muitas aquisições intelectuais; conhece muita gente na universidade e se identifica com um grupo de artistas que a acolhe com muito entusiasmo.

Elisa era uma mulher cuja beleza proporcionava muitas aproximações masculinas, com o que ela sempre se divertia. Por esse tempo dizia que não queria casar, que os homens não mereciam o amor de uma mulher, tal seu pai, que, segundo ela, nunca havia respondido com a merecida dignidade ao enorme amor de sua mãe.

Aos vinte anos perdeu o pai tragicamente em um acidente – atropelado alcoolizado. Sua mãe entra numa depressão profunda, e Elisa procura animá-la pronunciando sempre a máxima de "Luzes da ribalta": "o espetáculo não pode parar". Para o que a mãe nada respondia, até dois anos mais tarde morrer de um enfarte agudo.

Elisa vende a casa da família e vai morar no sul do país, a convite de um colega que tinha influências no meio artístico. Por esse tempo fazia parte de um grupo de teatro na cidade onde morava e contava com o incentivo e reconhecimento dos colegas.

Ao chegar ao Sul conhece um diretor de teatro, por quem se envolve apaixonadamente; estuda e, mais tarde, trabalha.

É quando surgem sintomas intensos de inibição: esquece o texto, tem tonturas antes de entrar no palco – chegando a desmaiar algumas vezes. Continua estudando e vai morar com esse homem, com quem já tinha uma relação amorosa havia dois anos. Logo depois fica grávida de uma menina, e com mais dois anos tem outra filha.

Trabalha com afinco, encontrando muitas dificuldades para se firmar no meio artístico, e atribui as insuficiências do resultado esperado a seus sintomas de inibição. É quando, por ocasião de um trabalho importante, começa a tomar barbitúricos e experimenta cocaína numa festa de colegas de profissão. Seu companheiro já havia provado cocaína, mas era radicalmente contra o consumo, marcado pela perda de um amigo íntimo, por *overdose*.

Contudo, em uma das apresentações desse trabalho, que tinha para ela muita importância, faz uso da cocaína e sente-se "absolutamente dona de si". É muito elogiada nesse dia pelos colegas e pelo diretor artístico do trabalho. Passa então a lançar mão da droga para as apresentações: "era como se eu conseguisse ser exatamente o que desejaria ser naquele momento".

O uso continuado da cocaína começa a produzir a derrocada dos pactos com o companheiro – o qual exigia que ela abandonasse a droga, sem nenhum sucesso. Aos poucos, não mais fazia uso da droga apenas para entrar no palco, mas também para enfrentar todas as demais situações em que encontrasse a velha inibição. Segundo ela: "eu jamais poderei me livrar da vergonha que meu pai cravou em mim, sinto-me sempre uma garota para quem todos dirigem um olhar de pena. Mas, quando cheiro um pouco, reencontro as palavras de minha mãe: 'o espetáculo não pode parar', e me sinto apta a qualquer desafio".

Vieram os inevitáveis problemas com o dinheiro, as mentiras para o companheiro e para as filhas. E nesse trilho, a separação. Retorna para a terra natal, e com muitas dificuldades insiste em manter a guarda das duas filhas, então com oito e dez anos.

O companheiro sustentava em grande parte suas despesas. Ela mora com uma tia paterna solteira, que tem muita idade e está doente. Cuida das filhas, porém de modo conturbado, pela ligação exacerbada com a cocaína, que a leva a desviar o dinheiro da escola e das demais despesas com as crianças, remetido pelo marido.

De qualquer modo seus dias são atormentados pela culpa e pelas tentativas malsucedidas de deixar a droga. Trabalha agora em uma fundação de cultura, na qual obtém um bom resultado fazendo programações para sessões de cinema. Mas o dinheiro não chega para pagar as dívidas que contrai com a cocaína, e as filhas "começam a passar vexames".

O pai pede a guarda das filhas mais de uma vez – a despeito da relação amistosa que conserva com ela –, ao que ela se recusa. Ela tem uma relação amorosa de muita expressividade com as filhas, que não queriam deixá-la. Mas o companheiro consegue a guarda na Justiça.

É quando ela procura a análise, sob a recomendação e insistência do ex-companheiro, que se responsabiliza pelos custos financeiros do tratamento e lhe assegura o retorno das filhas assim que ela puder deixar a droga.

Segue-se então um longo percurso, partindo de um tratamento químico para o tratamento da abstinência, com um psiquiatra, e sessões diárias de análise.

Ela sempre dizia nas horas mais difíceis: "o espetáculo não pode parar". Esse era um ditame que havia sustentado os momentos impiedosos da infância e da adolescência. Inventar uma nova vida diante do impasse, da provação, da falência moral e física, era um caminho conhecido, embora às vezes intransitável, pelo efeito da droga.

A droga, para Elisa era um objeto que fazia suplência à potência fálica, operação que seguia a norma do alcoolismo vexatório do pai. Ela o desprezava e o exaltava, concomitantemente, por esse caminho. Seu pai, que havia sido tão ultrajante e tão absolutamente amado em sua insuficiência por sua mãe, a qual não pôde continuar o espetáculo da vida após sua morte, a despeito de ter feito sempre tal recomendação, quase como se entrevisse o desastre a advir. Elisa apegou-se demasiadamente à sua analista. Fazia sessões diárias, e com muita regularidade telefonava nos fins de semana.

Curiosamente, o período em que se manteve envolvida com a cocaína foi muito curto; apenas sete meses depois estava em absoluta abstinência, e por mais dezesseis anos de análise jamais retomou qualquer relação drogadita com substâncias químicas.

Dois anos depois do começo do tratamento, teve as filhas de volta. Uma delas é hoje uma jovem pianista, morando na Áustria, e a outra é estilista em começo de carreira, no sul do país, morando com o pai.

Elisa teve algumas relações amorosas que não foram adiante. Com o incentivo do ex-companheiro montou uma curso de teatro para crianças, com o que se envolve intensamente.

Decidiu terminar sua análise há alguns anos, mas sempre me dá notícias.

Do ponto de vista da clínica, a passagem com a droga na análise de Elisa, de longe pode se situar como algo demasiadamente relevante. Seu maior valor está na rede significante que reedita e indaga o alcoolismo do pai e o sintoma referido a ele.

O circuito da Transferência rapidamente instalado põe em marcha uma análise como qualquer outra, onde o sujeito é indagado em seu desejo, construindo no tempo mais um significante para dizer da falta.

JOÃO E: NADA FEITO

Chegamos ao caso de João. Um daqueles que são verdadeiras trincheiras e que nos fazem indagar nosso ato, nossa função, nosso limite.

João foi um garoto adotado por um militar do Exército e sua esposa, uma dona de casa que já havia tido com ele duas filhas. A adoção constituiu-se por ocasião de um trabalho filantrópico, realizado pela mulher, em um leprosário da grande cidade onde nasceram. Tal atividade assistencialista estava atrelada às ligações com o centro espírita que ela frequentava há bastante tempo.

Ela quisera muito ter um filho homem, para realizar o desejo de seu marido, o que foi desencorajado pelos médicos, que a advertiram da improbabilidade em decorrência de haver retirado um dos ovários e de ter o outro com problemas.

Durante esse trabalho ela conheceu uma paciente do leprosário que estava grávida e a acompanhou no decorrer da gravidez, tentando encontrar alguém que se interessasse em adotar o bebê, pois a grávida estava decidida a entregar o filho para adoção.

No percurso da procura de uma mãe para o bebê, a idéia de ter um filho homem retornou e ela convence seu marido de que Deus colocou aquele menino no caminho deles, para que eles o adotassem. O marido tem muitas resistências para aderir à proposição de adoção, mas termina por ceder, um mês antes do nascimento.

Então, combinam que o garoto jamais saberia da verdade e que nunca falarão sobre isso com as filhas. Ele tinha uma transferência prevista para o Nordeste e isso facilitaria a missão de encobrir a notícia da adoção para os demais.

Ocorre que já nos primeiros dias de nascido o garoto chora com demasiada aflição por qualquer espera da alimentação e fica constantemente irritado e insatisfeito. A mãe não consegue apaziguá-lo, apesar de tentar oferecer uma coisa e outra, sempre em vão. Ela interpreta esses fenômenos como um castigo por ter tirado o garoto de sua mãe, com quem perdeu propositadamente o contato. Pensa que deveria tê-la convencido a ficar com a criança, ao invés de ter facilitado a rejeição, ficando com o garoto, e entra em depressão certa de que nada poderá substituir a mãe biológica do bebê.

Quando João está com um ano e seis meses, ela engravida, surpreendentemente – já que os médicos a haviam desencorajado de uma terceira gravidez. Essa criança, que nascerá de sete meses, será um menino, por quem a mãe e o pai se encantam instantaneamente.

Daí por diante a vida de João, desde o começo insuficiente quanto aos elementos constitutivos do simbólico, seguirá uma trajetória dramática.

Ele será um menino atormentado, agressivo, irritado, sem que nada o acalme, o satisfaça. E tenderá sempre a burlar as regras em função de seu querer imediato. Por essa razão terá enormes dificuldades na socialização da escola, de onde, desde muito cedo, sem nenhum constrangimento, leva para casa objetos dos colegas, a despeito das sanções estabelecidas.

Com muita frequência se envolve em brigas corporais com o irmão menor e com os colegas da escola. Por volta de sete anos, começa a tirar dinheiro dos outros, para comprar ximbras, as quais também costumava tirar dos colegas, mesmo ficando reiteradamente de castigo.

As inevitáveis comparações com os irmãos eram constantes por parte de todos e sublinhadas pelo pai, que costumava dizer nas horas de muita raiva: "essa coisa não devia ter sido meu filho", após o que a mãe costumava lhe pedir perdão.

João tinha um biótipo muito diferente daquele que compunha os traços físicos dos pais adotivos e dos irmãos, mas jamais era permitido a um irmão ir adiante em qualquer comentário quanto a isso, sobre o que ele próprio jamais indagou.

Na adolescência, ainda com onze anos, João começou a fumar com alguns garotos da rua – sem que os pais autorizassem –, às vezes fugindo de casa para o encontro.

A batalha com a droga começa desse modo, e rapidamente assume ares alarmantes. Com treze anos não se interessava por coisa alguma, muito menos pela escola, para onde ia diariamente, contrariado, em meio a muita confusão. Quando chega à segunda série primária, ele repete por três anos consecutivos e é levado à Escola Pública, onde termina o primeiro grau com muitas dificuldades, ausentando-se frequentemente da sala de aula e evitando qualquer aproximação com o estudo.

Começa a fazer uso de maconha com os garotos da rua e logo depois chegam notícias de que ele também está cheirando cola. Ele desaparece de casa, com regularidade, e ninguém sabe mais o que fazer.

O pai utiliza todo o rigor que conhece do Exército. Tenta aplicar tais métodos sem que nada se altere, pelo contrário. Ele tem todos os castigos possíveis, ele apanha, ele é preso em seu quarto, enfim, não se sabe o que fazer. Então, aos quinze anos, seu pai o interna numa clínica para desintoxicação, já que ele está fazendo uso intenso de maconha e cola, e começa a levar as coisas de casa para trocar por drogas. A relação com os irmãos é muito complicada, com muita agressividade de sua parte e muita culpa por parte dos irmãos, que de algum modo tentam ajudá-lo.

Por volta dos dezenove anos a situação chega a um ponto de impasse para as negociações na família. O pai o expulsa de casa após ser chamado à polícia para livrá-lo de uma prisão feita numa ronda noturna na qual ele é flagrado com heroína.

É uma circunstância traumática para todos. O pai lhe diz que ele tem três dias para pensar e decidir se volta para casa sob as condições que ele impuser. Então, ele retorna dois dias depois, trazido pelos garotos da rua, desacordado em uma *overdose*, de heroína, da qual escapa por um triz, depois de um longo internamento que se prolonga por dois anos numa clínica para drogados.

Ele está com vinte e um anos quando deixa a clínica, na qual, sempre que pôde, participou dos movimentos de tráficos, comuns nessas instituições.

Não havia mais nada na vida de João, apenas o caminho na direção da droga, e a instituição anunciou que não havia mais o que fazer por lá, que o processo de desintoxicação já estava terminado, mas que ele ainda estava suscetível ao reencontro com a droga, como era revelado pelos envolvimentos que forjou com traficantes naquele período.

Ele se recusava terminantemente a falar para os terapeutas, afirmando que não tinha nada para dizer.

Um ano depois que saiu da clínica estava seriamente envolvido com traficantes, que agora rondavam a casa de seu pai ofensivamente. Foi mais uma vez internado em outra clínica de recuperação, onde ficou por mais dois anos e obteve alta sob as mesmas observações.

A mãe costumava pedir para morrer, e o pai ameaçava abandoná-lo definitivamente, porém isso era sempre evitado a pedido dos irmãos, que faziam enormes esforços para recuperá-lo.

Seguiram-se quatro internamentos desse tipo, e a cada vez que ele deixava o confinamento, voltava mais apetrechado para o convívio com os traficantes e, consequentemente, para o uso das drogas.

Chegou até mim trazido pela irmã mais nova, depois de ser encontrado na casa de um traficante para quem fazia entregas de cocaína em troca de heroína. A família foi avisada por um soldado do Exército que conhecia seu pai e que fez contato quando de uma batida no local onde estava.

A irmã fazia análise há algum tempo e tinha em mãos o meu contato por indicação de seu analista quando de uma das crises grandes do irmão.

Ela estava desesperada: "O que fazer?".

Essa é a pergunta que incessantemente acomete alguém na posição de responsável por um toxicômano. E não é difícil de entender que a resposta a essa pergunta, sendo impossível de encontrar em qualquer parte, efetivamente provoque o desejo por sua morte. Esses pacientes costumam suscitar o desejo de sua morte, inexoravelmente, em alguma medida.

Eles estão na contramão da ordem simbólica, eles se matam sem nenhuma convicção diante daqueles que "deviam honrar". Não há nada que os detenha. E ainda assim é preciso tentar.

A irmã o trouxe até mim sem marcar hora. Vindo da favela onde ele estava vivendo sob a proteção de um traficante. Seu estado físico era lamentável, estava realmente doente e alheio.

Recomendei à irmã a intervenção medicamentosa e disse-lhe que voltaria a me encontrar com ele após a conversa que teria naquela hora, caso ele quisesse vir, e apenas assim.

Eis o grande desafio. Esses pacientes nos causam horror. Eles são, a princípio, avessos a qualquer ordenação possível. E parecem impermeáveis a qualquer intervenção.

Temos de fazer uma aposta imediata no surpreendente da Transferência, visto que não teremos nenhum ponto do discurso deles onde intervir no sentido da ordem significante.

Trazido pela irmã, respondia à questão sobre seu engajamento na análise com uma espécie de "tanto faz". Ele vinha todos os dias a meu consultório, mas eu tinha de encontrar um eixo qualquer para a fala que se produzia entre mim e ele, porque isso nunca partia dele. Certamente, se permanecesse em silêncio, como aconteceu algumas vezes, ele pouco se dava conta e muito menos se incomodava. O silêncio que reinava ali não fazia efeito algum.

A aposta não podia ser outra: na palavra.

Chamei o pai e a mãe ao consultório, separadamente, e obtive de cada um deles uma narrativa, de onde retirei os elementos que expus até aqui.

Daí por diante me ocupei com João por algum tempo a cada dia. Havia dias em que alguma coisa suscitava um texto de meia hora, outros que não passava de dez minutos. Eu não o continha; assim que ele dava sinais de querer partir, eu me despedia.

Houve muito esforço de sua irmã, que interrompeu suas atividades na universidade para dedicar-se a ele por livre iniciativa. Estava lá com ele todos os dias, e sua suposição de que ali haveria algo capaz de alterar aquele curso mortífero de algum modo o levava até lá.

Alguns meses depois, no interregno de algumas turbulências, quando eu já me perguntava sobre aonde aqueles encontros poderiam nos levar, ele me perguntou o que aquelas pessoas iam fazer ali. Isso realmente me surpreendeu. Nos encontros anteriores as falas não passavam de um "tudo bem", "eu não gosto de falar", "não sei por que insistem em me fazer desistir da droga: isso é bom", "não sei por que as pessoas não podem se drogar". Ele dizia que só estava quieto porque a irmã morreria se ele fugisse e aparecesse morto. E não dizia isso para me espantar, apenas como se pensasse alto. Mas, se eu fizesse qualquer questão em torno disso, ele fazia um esgar de indiferença ou mesmo de gozação. De modo que as sessões pareciam render mais quando ele se interessava por algum objeto de minha sala e aquilo produzia uma inscrição qualquer. Seu repertório era paupérrimo.

Portanto, quando perguntou o que aquelas pessoas iam fazer no meu consultório, isso me pareceu realmente uma novidade. Eu perguntei a ele se ele imaginava qualquer coisa quanto a isso. Ele me disse que achava todo mundo muito careta ali, então não deviam fazer o mesmo que ele. Por mais que possa parecer ínfimo, isso foi um sopro de esperança para mim. Com aquela pergunta João estava diante de uma questão sobre as razões para existir. Quero lembrar que a essa altura ele já ia se encontrar comigo diariamente havia quase seis meses.

Ele se drogava diariamente, só que em proporções relativamente controladas pelo acordo que havia feito com a irmã. Haviam pactuado que ele sairia de casa por duas horas a cada dia. Foi uma condição que ele impôs para se manter morando com ela e indo à análise.

Costumava dizer que vivia por essas horas, que essas eram as únicas horas que valiam a vida. Uma vez me perguntou se eu esperava que ele parasse com as drogas, quase que lamentando por mim. Eu respondi que se havia algo que cabia à mim esperar quanto a ele, esse algo era que ele encontrasse alguma razão a mais para existir, que a vida pudesse se ampliar. Ele riu, como se eu estivesse dizendo uma tremenda tolice, e é provável que tivesse razão.

Sua saúde era precária, tinha vômitos e diarréia constantes, anemia, e vivia em constante astenia, mas não se queixava.

Um dia, ele estava muito silencioso, e me disse que estava passando mal, sentindo coisas ruins, e que eram essas coisas que o faziam buscar a droga. Perguntei o que era tão ruim, e ele me disse: "Nada. Apenas é muito ruim, e a droga resolve isso num pico".

Nesse dia, ele não voltou para casa na hora marcada e a irmã desesperou-se. Quando retornou estava completamente drogado, delirando muito devido a coisas assustadoras que o faziam chorar e gritar. No dia seguinte, recusou-se a ir ao consultório.

Quando voltou, pedi para que contasse o que havia acontecido, e ele me respondeu: "O de sempre. Eu não imagino o que você quer saber; por que você não entende que eu quero é me drogar? Isso é o que me importa. Eu não sei por que não se pode decidir por isso."

Isso aconteceu inúmeras vezes durante mais de dois anos. Preciso relatar que algumas vezes, mesmo sabendo da fragilidade dessa intervenção, tentei argumentar longamente a favor da preservação do tempo para existir, para inventar, para ampliar as satisfações. Ele me escutava atentamente, para depois dizer: "A droga é muito mais fácil". Raramente um ou outro elemento me fazia pensar que seria possível fundar alguma subjetivação, contudo, no momento seguinte, o mínimo se apagava completamente.

Ele criou muitos problemas para sua irmã. Seus pais romperam com ele completamente, depois de uma conversa na qual contaram sobre a adoção, diante do que ele revelou absoluto conhecimento, embora sem nenhuma perturbação. Disse ao pai que ele podia ficar tranqüilo; estava acertado que ele não tinha nenhum filho toxicômano, que, aliás, ninguém tinha. Que ele era nada e que isso era muito bom.

Adotava um tom debochado diante de toda tentativa de dissuasão quanto à droga e repetia um estribilho a toda proposição para que ele fizesse algo na vida, inclusive para que tratasse da saúde: "Nada feito".

Sua irmã lhe dava um pouco de dinheiro toda semana para a condução e para seus cigarros, com o que ele se mantinha. Não contava como conseguia a droga. Ela desconfiava que ele continuasse fazendo algum tipo de movimento de tráfico, porque era procurado constantemente ao telefone por pessoas que ela não conhecia, quando já não tinha nenhum convívio social.

As coisas caminhavam assim, até que um dia recebi um telefonema da irmã dizendo, com uma tranquilidade estonteante, que ele estava morto. Havia tomado uma overdose de heroína junto com muito álcool, naquele dia. Ela havia sido chamada pela polícia para reconhecer o corpo. "Tudo está finalmente resolvido", disse-me ela num choro realmente comovente, mas absolutamente tranquilo e aliviado.

Tive dúvidas a respeito da escolha desse caso como representante da terceira estrutura de relação com a droga. A excelência do gozo de João era a única razão de seu viver. Em sua vida não havia feito algum que inscrevesse seu nome, exceto o horror que tal gozo produzia e exibia. Contudo, penso que devemos tomar tais fracassos como balizas.

Quero acrescentar que em toda a minha clínica atendi a mais alguns casos de toxicomania com esse estatuto para o gozo. E todos eles encontraram,

pelo menos, uma saída mínima de subjetivação. No entanto, esse caso demonstra a irredutibilidade de um sintoma drogadito em sua radicalidade mortífera: um imperativo do Real absolutamente impermeável a qualquer simbolização.

CONSIDERAÇÕES FINAIS

Recentemente fui entrevistada por uma jornalista que dentre muitas indagações a propósito da toxicomania, propôs uma questão que tomarei como diretriz para estas considerações finais.

A questão era a seguinte: A intervenção da Psicanálise quanto ao problema da toxicomania não é por demais passiva diante do risco de morte do paciente?

Ela havia entrevistado muitos profissionais que trabalham com drogaditos e de maneira particular pesquisou o trabalho de uma clínica no sul do país, considerada por muitos um modelo de salvação da toxicomania. Nessa instituição o procedimento com o paciente começa indo buscá-lo, esteja onde estiver, capturando-o para o confinamento e consequente "tratamento", segundo contratado com a família. Os garotos e garotas que se submetem a tal intervenção costumam retornar as suas famílias em absoluta abstinência e convictos de um determinado procedimento para viver que se refere a uma doutrina religiosa. A conduta adquirida durante o processo de tratamento na clínica não pode ser alterada pelo paciente, que estará sob intensa vigilância de seus atos. Para que tudo funcione bem é recomendado que famílias inteiras se submetam ao procedimento e adotem essa nova doutrina como modo de condução inalterável para a vida. Isso supõe privação radical de certos hábitos concernentes ao estilo da família, como, por exemplo, fumar, beber socialmente e ter qualquer ligação intensa com o que quer que seja incluindo o sexo etc.

O resultado de tal intervenção é um contingente cada vez maior de moças e rapazes compondo uma espécie de comportamento hipnógeno, todos exibindo uma conduta idêntica, repetindo chavões doutrinados e vigiando um ao outro. Verdadeiros "anjinhos", tal como observou ela.

Para uma família às voltas com a degradação mental, física e moral de seu parente, confrontados com toda a dinâmica mortífera da delinquência decorrente das negociações para o uso da droga, é compreensível que essa seja uma promessa alvissareira.

Eu mesma tive oportunidade de visitar uma reunião desses garotos e me impressionou o funcionamento prosélito da comunidade. Um agrupamento para o qual a verdade é patente e única para todos. Para um psicanalista aquela é um cena assombrosa. Um assassinato do sujeito da subjetividade. Eram todos iguaizinhos, todos convictos da mesma receita para viver, todos convictos do "Bem". Algo que lembra uma cena de "Admirável mundo novo". Assisti a um pregador na reunião advertir os demais: "É preciso esquecer de todos os seus vícios, se libertar dos apetites e dos desejos que levam às dependências...", e seguiam-se a isso os depoimentos, realmente comoventes, tal a destituição subjetiva. É preciso sublinhar a alegria das famílias pela "cura" de seus familiares.

Citei esse modelo de "tratamento" como ponto de partida para assev-erar o quão distante a Psicanálise está de uma intervenção normativa. Com isso não estou contestando o que possa haver de eficácia num método como esse. A questão é quanto ao quê.

Se a demanda de tratamento é pela abstinência longa e pelo afastamento radical dos elementos que compunham a vida daquele paciente até então, sem que precise haver nenhuma indagação singular que situe os sentidos de um deslocamento para isso, então é absolutamente admissível que alguém recorra a tais métodos.

Contudo, quero refutar radicalmente a idéia de que uma intervenção que não promete cura e que sublinha a singularidade, a autonomia da posição de sujeito e os sentidos próprios aos enigmas do desejo, cifrados nos sintomas, seja uma intervenção passiva. Muito pelo contrário. A Psicanálise convoca um sujeito a saber do desejo que o constitui. Ela é exigente quanto à invenção de um estilo para a construção da existência, e por isso mesmo não tem nada de passiva.

Um de meus pacientes, que por decisão da família deixou o processo de análise e foi levado a um tipo de intervenção dessa ordem, há poucos dias me mandou um recado. Pediu para que alguém me dissesse que ele gostaria de se desculpar comigo, pois no curso da análise havia "manipulado muito". Lamentei quando depreendi dessa frase as significações que reverberavam na tal reunião a que me referi acima.

Essa "manipulação" a que ele se referia é um conceito do processo de condicionamento do método usado para normalizar a vida e significa que qualquer expressão de singularidade é um equívoco arriscado. Ele costumava mentir na análise tentando esconder alguns dos movimentos que fazia com a droga, mas essa mentira, como sempre acontece numa análise, mais revelava do que encobria. Tal recado vindo daquele garoto, que tanto transgredia, soou preocupante. Havia sentidos tão complexos em suas transgressões e suas mentiras, que um pedido contundente de desculpas à sua posição de analisante parecia sabotar toda e qualquer construção quanto ao que aquelas operações presidiam.

Tive notícias, por meio do portador do recado, de que ele está em abstinência, mora em outra cidade escolhida pelos pais com mais dois garotos da comunidade, faz a faculdade que seu pai quis que ele fizesse e vai ao encontro religioso todos os dias. Gostaria de saber dele.

Métodos que prometem a cura são muito atraentes em períodos de grande crise moral. A Psicanálise, guiada pelo princípio ético que a constitui, apresenta à cultura uma clínica que exige que um sujeito advenha. Isso está na contramão de um método sugestivo que saiba a princípio qual é o "Bem" para um paciente, esteja ele habitado por qualquer que seja a estonteante expressão para o que de mais íntimo o constitui inconscientemente, incluindo um desejo de morte.

Freud costumava dizer que a Psicanálise é a ciência do desejo, e Lacan reiterava dizendo que a Psicanálise obedece à Ética do desejo. O tributo ao desejo é, portanto, a grande recomendação da Psicanálise: que sustentemos com rigor nossa humanidade, a despeito de todo o horror que nela se expresse.

A toxicomania, por constituir um fenômeno tão degradante da operação humana mais patente – o simbólico –, não subleva esse princípio, muito pelo contrário. Enquanto sintoma ela exige, ao tempo que nos indica, com toda a gravidade, a construção de sentidos ímpares.

Para finalizar, gostaria de dizer que em minha clínica pude testemunhar, pela via de dramas complexos, muitas invenções capazes de, sem mágica alguma, colocar um sujeito em condições de inventar uma rede mais ampla de sentidos para a vida, podendo prescindir do entorpecimento de uma droga ou dos ditames do Outro.

Este livro foi impresso nas oficinas gráficas da Editora Vozes Ltda.,
Rua Frei Luís, 100 – Petrópolis, RJ,